Gerd Roellecke

Bewerberüberhang und „Doppel-Verdiener-Ehen“ im öffentlichen Dienst

Bewerberüberhang und „Doppel-Verdiener-Ehen" im öffentlichen Dienst

Eine verfassungsrechtliche Anfrage

Von

Gerd Roellecke

1988

Walter de Gruyter · Berlin · New York

Professor Dr. Gerd Roellecke
Lehrstuhl für Öffentliches Recht und Rechtsphilosophie
der Universität Mannheim

CIP-Kurztitelaufnahme der Deutschen Bibliothek

Roellecke, Gerd:
Bewerberüberhang und „Doppel-Verdiener-Ehen"
im öffentlichen Dienst. Eine verfassungsrechtliche Anfrage /
von Gerd Roellecke. –
Berlin ; New York : de Gruyter, 1988.
ISBN 3 11 011597 2

Printed in Germany
Satz und Druck: Saladruck, Berlin 36
Bindearbeiten: Verlagsbuchbinderei Dieter Mikolai, Berlin 10

Vorwort

Das Verhältnis von Bewerberüberhang beim öffentlichen Dienst, Alimentationsprinzip und „Doppel-Verdiener-Ehen" ist in der verfassungsrechtlichen Literatur bisher kaum erörtert worden. In der Politik schlagen es die Parteien wie einen Ball hin und her. Beantragt eine Partei zu prüfen, ob der Bewerberüberhang nicht zu Lasten der „Doppelverdiener" abgebaut werden könne, so die andere festzustellen, solches sei verfassungswidrig. Deshalb hat mich das Ministerium für Kultus und Sport Baden-Württemberg um ein Rechtsgutachten zu der Frage gebeten, ob Lehramtsbewerber, deren Ehegatten im öffentlichen Dienst tätig sind, auf Teilzeitstellen verwiesen werden dürfen. Diese Schrift ist eine geringfügig überarbeitete Fassung des Rechtsgutachtens.

Der Gutachtenauftrag traf zusammen mit einem der beiden Themen der Tagung der Vereinigung der Deutschen Staatsrechtslehrer 1986 „Verfassungsgarantie und sozialer Wandel – Das Beispiel von Ehe und Familie" und mit einer Anregung der Vorbereitungsredaktion der Festschrift für den Präsidenten des Bundesverfassungsgerichtes *Wolfgang Zeidler*, in meinem Festschrift-Beitrag auf den Problemkreis einzugehen, den *Wolfgang Zeidler* mit seinem Artikel „Ehe und Familie" im Handbuch des Verfassungsrechts der Bundesrepublik Deutschland (herausgegeben von *Ernst Benda* u. a., Berlin / New York 1983, S. 555–607) umrissen hat. So kam es, daß der „familienbezogene" Teil dieser Schrift bereits in der *Zeidler*-Festschrift erschienen ist.

Jedes verfassungsrechtliche Gutachten versucht, den politisch-moralischen Hintergrund des Problems zu erhellen und die Lösung aus dem harten positiven Recht zu gewinnen. So auch dieses. Trotzdem habe ich den Untertitel „Eine verfassungsrechtliche Anfrage" hinzugefügt. Zwar bin ich überzeugt, daß sich das Alimentationsprinzip und das Prinzip des Entgelts für individuell-persönliche Leistungen gegenseitig ausschließen und daß die Besoldung bei Doppel-Verdiener-Ehen durch das Alimentationsprinzip nicht gedeckt ist. Nicht überzeugt bin ich aber, daß Lehre und Praxis Konsequenzen daraus ziehen werden. Denn einerseits ist die Funktion des Alimentationsprinzips: politische Neutralisierung des Beamtentums, für einen Rechtsstaat unaufgebbar. Andererseits ist das Prinzip selbst: quasi ständische Versorgung der Beamten, veraltet. Ob sich bei der Doppel-Verdiener-Ehe das Alimentationsprinzip oder das

Prinzip des Leistungsentgelts durchsetzen wird, diese Frage zu beantworten, hätte den Rahmen des Gutachtens nun wirklich gesprengt. Sie mußte daher als Frage stehen bleiben. Das soll der Untertitel ausdrücken.

Da mir das Ministerium für Kultus und Sport bei der Ausarbeitung des Gutachtens volle Freiheit gelassen hat, können ihm die Ergebnisse nicht zugerechnet werden.

Mannheim, im August 1987 Gerd Roellecke

Inhalt

A. Bewerberüberhang als politisch-moralisches Problem

Eine verbreitete Arbeitslosigkeit hat das Problem des Zugangs zum öffentlichen Dienst auch unter dem Aspekt des Bewerberandranges in das allgemeine Bewußtsein gehoben[1]. Obwohl nach herrschender Meinung niemand einen Rechtsanspruch auf Einstellung hat, haben Bund und Länder die Möglichkeit der Teilzeitbeschäftigung und Beurlaubung eröffnet (§ 44 a BRRG, § 72 a BBG, § 153 bwLBG), um bei prinzipiell gleichbleibenden Personalkosten weitere Bewerber in den öffentlichen Dienst aufnehmen zu können[2].

Allerdings ist der politische Druck, den der Bewerberüberhang erzeugt, nicht gleichmäßig verteilt. Er besteht vor allem in den Lehramtsfächern. Staatliche Stellen erwägen deshalb weitere Maßnahmen insbesondere zur Verminderung des Überhanges von Lehramtsbewerbern.

Ein Vorschlag läuft darauf hinaus, Lehramtsbewerbern, deren Ehegatte bereits im öffentlichen Dienst tätig ist, nur eine halbe Stelle anzubieten, aus den Stellenresten neue Stellen zu bilden und mit weiteren Bewerbern zu besetzen[3]. Die politisch-moralische Begründung liegt auf der Hand: Bewerber, deren Ehegatten im öffentlichen Dienst tätig sind, haben durch den Ehegatten bereits eine Existenzgrundlage und benötigen deshalb aus finanziellen Gründen keine volle Stelle.

Ob eine Verwirklichung dieses Vorschlages den Überhang an Lehramtsbewerbern spürbar minderte, ist allerdings fraglich[4]. Zwar dürfte der Anteil der Bediensteten, deren Ehegatte im öffentlichen Dienst arbeitet,

---

[1] *Josef Isensee*, Der Zugang zum öffentlichen Dienst, in: Verwaltungsrecht zwischen Freiheit, Teilhabe und Bindung, Festgabe aus Anlaß des 25jährigen Bestehens des Bundesverwaltungsgerichts, München 1978, S. 337 f.

[2] Dazu grundlegend *Ulrich Battis*, Möglichkeiten und Grenzen der Teilzeitbeschäftigung von Beamten, in: Verantwortung und Leistung, Schriftenreihe der Arbeitsgemeinschaft der Verbände des höheren Dienstes Heft 14, Februar 1986.

[3] Das Angebot von Teilzeitstellen ohne Ehegattenklausel wird seit geraumer Zeit praktiziert; vgl. VG Karlsruhe, JZ 1980 S. 272 f. = NJW 1980 S. 75 f. Dazu *Rolf Stober*, Öffentliches Dienstrecht und Gestaltungsfreiheit der Exekutive, JZ 1980 S. 249 ff.; *Walter Leisner*, Müssen Lehrer Beamte sein?, ZBR 1980 S. 361 ff. Das VG Mainz, Urteil vom 27. August 1986 – 7 K 22/86 – Urteilsausfertigung S. 10 ff. (nicht rechtskräftig) hält das Angebot von Teilzeitstellen für rechtswidrig; dazu unten B I.

[4] Vgl. auch *Battis*, Fn. 2, S. 21 f.

unter den Lehrern sehr hoch sein. Die gemeinsame Ausbildung von Frauen und Männern und die Zugehörigkeit zu derselben durch Ausbildung und Sprachniveau begründeten Gesellschaftsschicht erleichtern Kontaktaufnahme und Kommunikation und fördern damit Eheschließungen. Wegen der Lebenszeitstellung der beamteten Lehrer kann eine Teilzeitbeschäftigung indessen nur Lehramtsbewerbern angeboten werden. Die stehen jedoch erst am Anfang ihres beruflichen Werdeganges und dürften deshalb zu einem geringeren Anteil verheiratet sein als beamtete Lehrer. Außerdem ermöglicht ihnen ihre Jugendlichkeit, der Verweisung auf eine Teilzeitbeschäftigung auszuweichen. Sie brauchen mit der Eheschließung nur zu warten, bis sie fest angestellt sind.

Aber die Frage nach dem beschäftigungspolitischen Effekt kann offen bleiben. Hinter dem Vorschlag, Bewerbern mit einem Ehegatten im öffentlichen Dienst nur eine Teilzeitbeschäftigung anzubieten, steckt ein moralisches Anliegen. Das gilt es zu erkennen, bevor man die Rechtmäßigkeit diskutiert.

Daß beide Eheleute im öffentlichen Dienst stehen, konnte erst zum Problem werden, als der öffentliche Dienst, besonders der Beruf des Lehrers, in quantitativ nennenswertem Umfang auch für Frauen geöffnet wurde. Das geschah vor dem Ersten Weltkrieg zur Zeit eines akuten Lehrermangels[5]. Die Folgen dieser Ausweitung des Reservoirs an Lehrern wurden zunächst durch die Verluste im Ersten Weltkrieg überdeckt, zeigten sich aber Ende der 20er Jahre und wurden verschärft durch den Personalabbau im Rahmen der Sparmaßnahmen während der Weltwirtschaftskrise[6]. In diesem Zusammenhang schlug der Preußische Philologenverband die Beurlaubung von verheirateten Lehrerinnen vor, und beschloß der Deutsche Lehrerverein 1931 ein Positionspapier über „Maßnahmen zur Behebung der Junglehrernot“, in dem es hieß:

> „II. Doppelverdiener.
> Die Landesverbände sollen aufgefordert werden, mit den Länderregierungen zu prüfen, ob die Doppelverdiener unter Wahrung ihrer Beamtenrechte bei Fortfall der Bezüge auf eigenen Antrag für mehrere Jahre ganz oder teilweise beurlaubt werden können“.[7]

Auf den Vorschlag, Bewerbern, deren Ehegatte im öffentlichen Dienst tätig war, nur eine Teilzeitbeschäftigung anzubieten oder sie nicht einzu-

---

[5] Näher *Rainer Bölling*, Lehrerarbeitslosigkeit in historischer Perspektive – Ursachen und Lösungsversuche am Beispiel Preußens, Recht der Jugend und des Bildungswesens (RdJB) 1986, S. 198, 202.

[6] Dazu eindringlich *Hans Hattenhauer*, Geschichte des Beamtentums, Köln/Berlin/Bonn/München 1980, S. 348 ff.

[7] Zitiert nach *Bölling*, RdJB 1986, S. 207.

stellen, konnte man damals auch deshalb nicht kommen, weil man von einem Recht der Einstellungsbehörden auf „freie Auswahl unter den befähigten Anwärtern auf ein Amt" ausging[8] und es deshalb wohl für selbstverständlich hielt, daß arbeitsmarktpolitische Gesichtspunkte bei der Einstellung berücksichtigt wurden.

Natürlich dürfte der arbeitsmarktpolitische Effekt der Beurlaubung von „Doppelverdienern" auch damals kaum meßbar gewesen sein. Aber daß ein einflußreicher Interessenverband, der sich nach innen und außen rechtfertigen mußte, solche Überlegungen überhaupt öffentlich zur Diskussion stellte, obwohl es in Art. 109 Abs. 2 WV hieß: „Männer und Frauen haben grundsätzlich dieselben staatsbürgerlichen Rechte und Pflichten", das zeigt, daß Ehe und Familie mindestens unter dem Aspekt der Versorgung als Einheit betrachtet wurden und daß deshalb „Doppelverdienertum" als unmoralische Überversorgung galt. So erklärt es sich, daß nach dem Reichsgesetz über die Rechtsstellung der weiblichen Beamten vom 30. Mai 1932[9] Beamtinnen auch ohne Antrag entlassen werden konnten, wenn ihre wirtschaftliche Versorgung nach der Höhe des Familieneinkommens dauernd gesichert erschien. Hinzu kam, daß nach der Weimarer Verfassung die Ehe „als Grundlage des Familienlebens und der Erhaltung und Vermehrung der Nation unter dem besonderen Schutz des Staates" stand (Art. 119 Abs. 2 WV), daß also Kinderreichtum als nationale Aufgabe angesehen wurde (vgl. Art. 119 Abs. 2 und 3, Art. 120 und 121 WV). „Doppelverdienertum" hängt aber offenkundig auch von der Zahl der Kinder ab. Je mehr Kinder ein Ehepaar hat, desto schwieriger wird eine Berufstätigkeit beider Ehegatten, und je weniger ein Ehepaar durch Kindererziehung belastet ist, desto leichter können beide Ehegatten einem Beruf nachgehen[10]. Unter diesem Aspekt war der Verdacht nicht auszuräumen, daß „Doppelverdiener" eine nationale Pflicht nicht oder nur schlecht erfüllten und dafür noch „doppelt" honoriert wurden.

Als Thema der öffentlichen Moral ist die Frage der Ehegatten im öffentlichen Dienst immer noch aktuell. Der Normenkonflikt hat sich im Vergleich zur Weimarer Zeit nicht grundlegend geändert, die Lehrerarbeitslosigkeit auch nicht. Deshalb ist zu fragen, ob und inwieweit das Staatsrecht rechtliche und administrative Maßnahmen mit dem Ziel erlaubt, die Zahl der Ehepaare zu mindern, bei denen beide Partner im öffentlichen Dienst tätig sind, um arbeitslose Lehramtsbewerber beschäftigen zu können.

---

[8] *Gerhard Anschütz*, Die Verfassung des deutschen Reiches vom 11. August 1919, 14. Aufl. Berlin 1933, Art. 128 Anm. 2.

[9] RGBl. I S. 245; *Hattenhauer*, Fn. 6 S. 403, sieht in diesem Gesetz eine Station auf dem Wege zum deutschen Beamtengesetz von 1937.

[10] Vgl. §§ 1570 ff. BGB und dazu BVerfGE 66 S. 84, 96.

B. Verfassungsrechtliche Beurteilung

Verfassungsrechtlich könnte die Verweisung von Bewerbern, deren Ehegatte bereits im öffentlichen Dienst tätig ist, auf eine Teilzeitbeschäftigung gegen den Grundsatz der Gleichbehandlung hinsichtlich staatsbürgerlicher Rechte (Art. 33 GG), gegen die Pflicht des Staates, Ehe und Familie zu schützen (Art. 6 GG), und gegen den allgemeinen Gleichheitssatz verstoßen (Art. 3 GG).

Art. 33 GG regelt zwei Grundfälle. Die Gleichheit staatsbürgerlicher Rechte (Abs. 1), der Zugang zum öffentlichen Dienst (Abs. 2) und das Willkürverbot (Abs. 3) betreffen den Zugang zur Staatsorganisation, die Gestaltung des öffentlichen Dienstes (Abs. 4) und die Bezugnahme auf die hergebrachten Grundsätze des Berufsbeamtentums (Abs. 5) betreffen den Zustand der Staatsorganisation. Zugang und Zustand sind eng miteinander verkoppelt, aber auch deutlich unterschieden. Das zeigt sich gerade an der Verweisung auf eine Teilzeitbeschäftigung. Bedenkt man, daß die Verweisung generalisiert ist und daß ein Bewerber keinen Anspruch auf irgendeine Stelle hat, drängt sich vorab die Frage auf, ob die Verweisung den Bewerber überhaupt benachteiligt, und wenn ja, im Vergleich zu welcher Bezugsgruppe. Das läßt sich nur inhaltlich diskutieren. Deshalb soll zunächst geprüft werden, wie sich die Verweisung auf eine Teilzeitbeschäftigung mit den hergebrachten Grundsätzen des Berufsbeamtentums verträgt.

I. Die Verweisung der Bewerber auf Teilzeitbeschäftigung und die hergebrachten Grundsätze des Berufsbeamtentums (Art. 33 Abs. 5 GG)

Die generelle Frage[11], ob eine Teilzeitbeschäftigung aus familienpolitischen (vgl. § 152 bwLBG, § 79 a BBG, § 48 a BRRG) oder arbeitsmarktpolitischen Gründen (§ 153 bwLBG, § 72 a BBG, § 44 a BRRG) gegen Art. 33 Abs. 5 GG verstößt, kann offen bleiben. Die gleichsinnigen Regelungen in Bund und Ländern gelten den subjektiven Rechten der Beamten und sehen vor, daß Teilzeitbeschäftigung nur auf Antrag des Beamten bewilligt wird. Die Beamten können daher durch eine Teilzeit-

---

[11] Darstellung der Diskussion mit Nachweisen bei *Hans Walter Scheerbarth / Heinz Höffken*, Beamtenrecht, 5. Aufl. Siegburg 1985, S. 136 ff.; jüngst wieder *Battis*, Fn. 2; *Willi Thiele*, Von der Teilzeitbeschäftigung zum Modell der Dreiviertel-Stellen?, DVBl. 1986 S. 753 ff.; *Wilhelm Cludius-Brandt*, Zur Zulässigkeit der obligatorischen Teilzeitbeschäftigung von Beamten – Die niedersächsische Regelung, DÖD 1986 S. 193 ff.

beschäftigung nicht beschwert sein und aus diesem Grunde nicht klagen. Bund und Länder haben gleichfalls ein übereinstimmendes politisches Interesse an Teilzeitbeschäftigungen. Über die Verfassungsmäßigkeit der Teilzeitbeschäftigung für besoldete Beamte wird deshalb voraussichtlich direkt nicht entschieden werden müssen. In einem Fall, in dem es um den Ortszuschlag von Ehegatten ging, die beide im öffentlichen Dienst teilzeitbeschäftigt waren (§ 40 Abs. 5 BBesG), hat das Bundesverfassungsgericht jedoch bereits die Verfassungsmäßigkeit der Teilzeitbeschäftigung vorausgesetzt[12].

Das Angebot einer Teilzeitbeschäftigung an Bewerber hat kürzlich das Verwaltungsgericht Mainz[13] beschäftigt. Der Fall, der seiner Entscheidung zugrunde lag, ist repräsentativ für die Praxis der Schulministerien in der Bundesrepublik[14]: Das rheinland-pfälzische Kultusministerium hatte einem Lehramtsbewerber sinngemäß erklärt, er könne nur zu dreiviertel des Regelstundenmaßes zum Beamten auf Probe ernannt werden und müsse einen entsprechenden Antrag stellen. Der Bewerber stellte den Antrag „vorbehaltlich der Überprüfung der Rechtmäßigkeit der angeordneten Teilzeitbeschäftigung", wurde eingestellt und klagte nach seiner Einstellung auf Feststellung, daß das Land verpflichtet sei, ihm eine Vollzeitstelle zu übertragen. Das Verwaltungsgericht gab der Klage statt: Das Beamtenrecht gestatte eine Teilzeitbeschäftigung aus arbeitsmarktpolitischen Gründen nur auf freiwilligen Antrag eines Beamten. Der Lehramtsbewerber habe den Antrag aber nicht freiwillig gestellt. Das Antragserfordernis diene dem Schutz des Rechtes des Beamten auf Vollalimentierung. Dieser Schutz werde unterlaufen, wenn die Aushändigung der Ernennungsurkunde von einem Antrag auf Teilzeitbeschäftigung abhängig gemacht werde.

An dieser Begründung ist besonders der Hinweis auf das Alimentationsprinzip bemerkenswert[15]. Allerdings wird die Bedeutung des Alimentationsprinzips für die Freiwilligkeit des Antrages nicht ganz klar. Der Druck, den das Land auf den Bewerber ausgeübt hat, ergab sich

---

[12] BVerfGE 71 S. 39, 52 ff.

[13] Urteil vom 27. August 1986 – 7 K 22/86 –.

[14] Vgl. auch den Wortlaut des Schreibens des baden-württembergischen Kultusministeriums an Lehramtsbewerber bei *Stober*, JZ 1980 S. 249; siehe ferner *Thiele*, DVBl. 1986 S. 753 ff.

[15] Angedeutet ist das Problem bei *Helmut Lecheler*, Öffentlicher Dienst und Arbeitsmarkt, ZBR 1980 S. 1, 7; weiter entfaltet bei *Franz Ruland*, Verfassungsrecht und Beamtenrecht – dargestellt am Beispiel aktueller Schwierigkeiten des Beamtenrechts mit den Lehrern, ZRP 1983 S. 278, 281; *Thiele*, DVBl. 1986 S. 753, 758.

schon daraus, daß es ihn vor die Alternative gestellt hat: Einstellung in den öffentlichen Dienst oder Arbeitslosigkeit, mindestens Änderung der Karriere.

Außerdem leuchtet nicht unmittelbar ein, inwiefern das Antragserfordernis den Anspruch auf Vollalimentierung schützen soll, wenn es in § 2 Abs. 3 BBesG heißt: „Der Beamte, Richter oder Soldat kann auf die ihm gesetzlich zustehende Besoldung weder ganz noch teilweise verzichten." Selbstverständlich kann man argumentieren, die Regelung der Teilzeitbeschäftigung statuiere eben eine Ausnahme von § 2 Abs. 3 BBesG. Aber damit wäre nicht geklärt, warum der Gesetzgeber generell den Verzicht auf Besoldung für unzulässig erklärt und bei der Teilzeitbeschäftigung einen „Verzicht" auf Vollalimentierung gestattet.

Andererseits ist das Antragserfordernis ein Punkt, an den eine Prüfung der Rechtmäßigkeit des Angebots einer Teilzeitbeschäftigung an Bewerber besonders gut anknüpfen kann. Das Antragserfordernis betrifft die Schaltstelle zwischen öffentlichem Dienst und Bewerberrechten. Deshalb wird hier zunächst die Antragstellung und dann aufgrund der gewonnenen Erkenntnisse das Alimentationsprinzip geprüft.

1. Teilzeitstellen nur auf Antrag?

Teilzeitbeschäftigung aus arbeitsmarktpolitischen Gründen sieht § 44 a BRRG nur für Beamte mit Dienstbezügen und nur auf Antrag vor. Die Dienstbezüge werden der Teilzeitbeschäftigung entsprechend verringert (§ 6 BBesG). Der Antrag ist erforderlich, weil die dienstrechtliche Position eines Beamten grundsätzlich nicht geschmälert werden darf. Seinem Wortlaut nach gilt § 44 a BRRG nicht für den Zugang zum öffentlichen Dienst. Gleichwohl wenden die Kultusverwaltungen die entsprechenden landesrechtlichen Vorschriften auch bei Einstellungen an. Sie werden darin von der Lehre unterstützt, die auch Bewerbern die Möglichkeit eröffnet, Anträge auf Teilzeitbeschäftigung zu stellen[16].

Nun ist es selbstverständlich vernünftig, auch Bewerbern eine Teilzeitbeschäftigung zu ermöglichen, damit sie – um ein ganz unverfängliches Beispiel zu wählen – etwa eine Dissertation beenden können. Angesichts des Wortlautes des § 44 a BRRG und der praktischen Schwierigkeiten – die „Anregung" eines Antrages auf Teilzeitbeschäftigung durch die Ein-

[16] Vgl. *Ruland*, ZRP 1983 S. 278, 281. Die formale Begründung, § 44 a BRRG und die entsprechenden landesrechtlichen Vorschriften gälten auch für „Beamte auf Widerruf im Vorbereitungsdienst" – vgl. *Ernst Plog / Alexander Wiedow / Gerhard Beck / Bernt Lemhöfer*, Kommentar zum Bundesbeamtengesetz, Neuwied und Darmstadt, Stand 1986, § 72 a Rdn. 5 – kann hier unerörtert bleiben.

stellungsbehörde wird nie das Odium der „Erpressung" verlieren – drängt sich jedoch die Frage auf, ob eine Teilzeitbeschäftigung auch bei einem Bewerber nur auf Antrag zulässig ist.

Ein Bewerber hat nicht die Rechte eines Beamten, sondern nur einen Anspruch auf ein faires Zugangsverfahren[17]. Wenn er eingestellt wird, verzichtet er auf nichts, sondern gewinnt nur eine Anstellung. Er hat auch keinen Anspruch auf eine Stelle. Art. 33 Abs. 2 GG regelt nur den Zugang zum öffentlichen Dienst, aber nicht den öffentlichen Dienst – das tut Art. 33 Abs. 4 GG – und nicht die haushalts- und organisationsrechtliche Seite. Vielmehr gilt: „Die Auswahl der Person, die ein öffentliches Amt wahrnehmen soll, setzt die organisationsrechtliche Entscheidung voraus, ein solches Amt bereitzustellen."[18] Ein Bewerber muß eine Stelle so hinnehmen, wie sie haushalts- und organisationsrechtlich bestimmt ist[19]. Im Hinblick auf die Rechte des Bewerbers ist daher kein Grund ersichtlich, der einen Antrag verlangte.

Da ein Beamter seine ganze Arbeitskraft dem Amt widmen muß, bedarf freilich die vollziehende Gewalt der gesetzlichen Grundlage, wenn sie eine Teilzeitbeschäftigung einführen will. Eine spezielle haushalts- oder organisationsgesetzliche Ermächtigung liegt nicht vor. § 49 Abs. 1 BHO (= § 49 bwLHO) bestimmt lediglich, daß ein Amt nur zusammen mit der Einweisung in eine besetzbare Planstelle verliehen werden darf. Die baden-württembergischen Landesministerien haben die Besetzung einer Planstelle mit mehr als einem teilzeitbeschäftigten Beamten durch Verwaltungsvorschriften zugelassen[20]. Das reicht aber aus. Nach überwiegender Lehre ermächtigt das Haushaltsgesetz die Regierung, im Rahmen des Haushaltsansatzes Ausgaben zu leisten, verpflichtet sie aber nicht[21]. Die Regierung ist daher frei, Stellen zu „teilen", soweit das Gesetz nicht entgegen steht. Im Falle der Teilzeitbeschäftigung steht das einfache Beamtengesetz aber nicht nur nicht entgegen, der arbeitsmarktpolitsche Zweck ist im Gesetz eindeutig mit der Wendung vom dringenden öffentlichen Interesse ausgedrückt, „Bewerber im öffentlichen Dienst zu beschäftigen". Und dieser Zweck würde offenkundig verfehlt, wenn es der Regierung nicht gestattet wäre, Stellen zu „teilen". Man wird § 44 a

[17] Unten B II 1.

[18] *Isensee*, Fn. 1 S. 338.

[19] Das übersehen *Ruland*, ZRP 1983 S. 278, 281, und *Thiele*, DVBl. 1986 S. 753, 757.

[20] Vgl. III. der Hinweise (der Landesministerien) zur Neuregelung der Teilzeitbeschäftigung und Beurlaubung von Beamten vom 30. Januar 1985, GABl. S. 353.

[21] *Reinhard Mußgnug*, Der Haushaltsplan als Gesetz, Göttingen 1976, S. 315 f. mit Darstellung der Diskussion; *Maunz*, in: Maunz/Dürig, GG Art. 110 Rdn. 14.

BRRG und die entsprechenden landesrechtlichen Vorschriften daher zugleich als Ermächtigungen an die zuständigen Behörden verstehen müssen, Planstellen mit mehreren teilzeitbeschäftigten Beamten zu besetzen. Diese „Teilzeitstellen“ muß der Bewerber grundsätzlich akzeptieren. Sie sind die organisationsrechtliche Vorgabe seines Anspruches auf ein faires Einstellungsverfahren. Auch unter dem Aspekt der formalen Ermächtigung benötigt die Verwaltung daher keinen Antrag des Bewerbers.

2. *Teilbesoldung nur auf Antrag*

Der neuralgische Punkt ist jedoch die Besoldung der Bewerber. Das hat das Verwaltungsgericht Mainz richtig gesehen.

Wie die Verknüpfung von Teilzeitbeschäftigung und Bewerbereinstellung in § 44 a BRRG zeigt, zielt das Gesetz darauf ab, zu prinzipiell gleichen Kosten mehr Beamte im öffentlichen Dienst zu beschäftigen. Der Bewerberüberhang soll nicht durch mehr Planstellen vermindert werden. Das ergibt sich auch aus § 6 BBesG, wonach ein Beamter mit Teilzeitbeschäftigung im gleichen Verhältnis verringerte Dienstbezüge erhält.

Verringerte Dienstbezüge kann der Gesetzgeber aber nicht beliebig festlegen. Zu den hergebrachten Grundsätzen des Berufsbeamtentums im Sinne des Art. 33 Abs. 5 GG gehört das Alimentationsprinzip[22]. Es besagt, „daß der Beamte und seine Familie vom Dienstherrn angemessen zu alimentieren sind. ... Grundlage dieses Anspruchs und der entsprechenden Alimentationsverpflichtung des Dienstherrn ist die mit der Berufung in das Beamtenverhältnis verbundene Pflicht des Beamten, unter Einsatz seiner ganzen Persönlichkeit diesem – grundsätzlich auf Lebenszeit – seine volle Arbeitskraft zur Verfügung zu stellen; als Korrelat hat der Dienstherr dem Beamten und seiner Familie in Form von Dienstbezügen sowie einer Alters- und Hinterbliebenenversorgung nach Dienstrang, Bedeutung des Amtes und entsprechend der Entwicklung der allgemeinen Verhältnisse angemessenen Lebensunterhalt zu gewähren“.[23]

Da das Alimentationsprinzip den standesgemäßen Lebensunterhalt sichern soll, kann der Beamte nicht auf die ihm gesetzlich zustehende Besoldung verzichten (§ 2 Abs. 3 BBesG)[24]. Die Frage ist, ob der Gesetzgeber einen solchen Verzicht zulassen kann. Die Antwort hängt zunächst davon ab, wie die Beamtenbesoldung zu bemessen ist.

---

[22] BVerfGE 44 S. 249, 263, ständige Rechtsprechung.

[23] BVerfGE 70 S. 69, 79 f.

[24] Dazu BVerwGE 26 S. 277, 280.

Die Alimentierung bemißt sich einmal nach dem Lebensbedarf des Beamten und seiner Familie, ist insofern nicht leistungsbezogen und kann daher auch Alters- und Hinterbliebenenversorgung umfassen. Zum anderen bemißt sich die Alimentierung nach dem Dienstrang des Beamten und nach der Bedeutung seines Amtes. Insofern ist die Alimentierung leistungsorientiert. Die Leistung, die entgolten wird, ist jedoch nicht die individuell-persönliche, sondern die von dem jeweiligen Amtsinhaber normativ erwartete Leistung[25]. Eine Anknüpfung an die individuell-persönliche Leistung wäre nicht mit dem Gesetzmäßigkeitsprinzip vereinbar[26], weil sie den Beamten abhängig machte. Außerdem würde sie kollegiales Verhalten in der Verwaltung erheblich erschweren.

Der Bogen zwischen Lebensbedarf und normativ erwarteter Leistung wird dadurch geschlagen, daß der Lebensbedarf an den Aufgaben des Amtes orientiert wird: Grundsatz der funktionsgerechten Besoldung (§ 18 BBesG). Allerdings unterscheidet man besoldungsrechtlich zwischen dem Amt, das den Status des Beamten bestimmt (Amt im statusrechtlichen Sinne) und dem Amt, das er ausübt (Amt im funktionellen Sinne). Die Besoldung knüpft von jeher an das Amt im statusrechtlichen Sinne an. Aber das Amt im statusrechtlichen und das Amt im funktionellen Sinne sollen sich nach Möglichkeit decken. Eine dauernde Trennung von Amt und Funktion ist grundsätzlich verfassungswidrig[27].

Es ist nicht notwendig, diesen Grundsatz weiter zu entfalten. Daß die Besoldung mit guten Gründen an den Lebensbedarf des Beamten und seiner Familie auf der einen und an das Amt auf der anderen Seite anknüpft, zeigt hinreichend, daß die Teilzeitbeschäftigung ein Fremdkörper im Besoldungssystem ist: Ihre Honorierung knüpft an die – wenn auch formalisierte – individuell-persönliche Leistung des einzelnen Beamten an. Diese Anknüpfung entspricht dem Arbeitsrecht, aber nicht dem Alimentationsprinzip[28]. Für sie kann es nur eine Rechtfertigung geben: die Einwilligung des Beamten. Der Beamte kann das Beamtenverhältnis jederzeit einseitig lösen[29]. Also muß er grundsätzlich auch auf eine Teilzeitbeschäftigung übergehen können, wenn das positive Recht es zuläßt. Insofern ist die Einwilligung des Beamten, die sich im Antrag ausdrückt, eine Mindestvoraussetzung für die Teilzeitbeschäftigung.

---

[25] Näher *Gerhard Till*, Die Entwicklung des Alimentationsprinzips, München 1979, S. 34, 110 ff.

[26] Vgl. *Rainer Pannhausen*, Das Alimentationsprinzip im Beamtenrecht (Diss.), Regensburg 1978, S. 103.

[27] Vgl. BVerfGE 70 S. 251, 267.

[28] Vgl. BVerfGE 44 S. 249, 264.

[29] Vgl. *Maunz*, in: Maunz/Dürig, GG Art. 33 Rdn. 65.

Eine bloße Einwilligung genügt indessen nicht. Die Alimentation hat den Sinn, „daß sich der Beamte ganz dem öffentlichen Dienst als Lebensberuf widmen und in wirtschaftlicher und rechtlicher Unabhängigkeit zur Erfüllung der dem Berufsbeamtentum vom Grundgesetz zugewiesenen Aufgabe, im politischen Kräftespiel eine stabile, gesetzestreue Verwaltung zu sichern, beitragen kann, weil er nicht gezwungen ist, durch zusätzliche Arbeit oder Aufwendungen seinen Unterhalt und die Versorgung seiner Familie, insbesondere nach seinem Tode, sicherstellen zu müssen."[30] Das heißt, gleichgültig, was und wieviel der Beamte tut, die Alimentation muß seine wirtschaftliche und rechtliche Unabhängigkeit sichern. Da auch der Teilzeitbeamte hoheitliche Gewalt ausübt, muß er in die Teilzeitbeschäftigung unter Begleitumständen einwilligen, die Gewähr dafür bieten, daß die Teilbesoldung seine Unabhängigkeit und das kollegiale Miteinander nicht gefährdet. Das entspricht auch dem Sinn des Verzichtsverbotes in § 2 Abs. 3 BBesG.

Zwar begründet das Alimentationsprinzip subjektive Rechte des Beamten und eine objektive Verpflichtung des Staates. Die öffentliche Hand kann sich nicht dadurch entlasten, daß sie den Beamten oder Richter auf private Einkünfte verweist[31]. Aber das bedeutet nicht, daß der Staat die Beamten auch dann immer *voll* alimentieren muß, wenn sie bereits hinreichend gesichert sind. Ein Beamter, der über ein ausreichend großes Privatvermögen verfügt, ist auch bei Teilbezügen unabhängig. Nur – solche Umstände müssen neben der Einwilligung im Einzelfall geprüft werden, damit der Sinn der Alimentation erhalten bleibt.

Die Unabhängigkeit trotz Teilbesoldung war bei der Einführung der Teilzeitbeschäftigung 1969 eindeutig gegeben. In einer Zeit des Lehrermangels sollte sie früheren Lehrerinnen, die aus familiären Gründen ihren Beruf aufgegeben hatten, die Wiederaufnahme des Berufes ermöglichen[32]. Damals ging der Gesetzgeber mit Recht davon aus, daß die Lehrerinnen bereits anderweitig hinreichend versorgt waren und eine Teilzeitbeschäftigung sowohl als Dienst am Gemeinwesen in einer Notlage wie als Zubrot betrachten konnten. Da es keine Zwangsverpflichtung für den öffentlichen Dienst gibt (Art. 12 Abs. 3 GG), muß das Besoldungsrecht eben häufig die Umwelt der Beamten berücksichtigen[33]. Das erklärt auch die Abhängigkeit des Ruhegehaltes von der Dienstzeit (§ 14 BeamtVG). Sie

[30] BVerfGE 70 S. 69, 80.

[31] BVerfGE 55 S. 207, 239.

[32] Vgl. § 48 a BRRG in der Fassung des sechsten Gesetzes zur Änderung beamtenrechtlicher und besoldungsrechtlicher Vorschriften vom 31. März 1969, BGBl. I S. 257; dazu ausführlich *Battis*, Fn. 2 S. 9.

[33] Vgl. BVerfGE 64 S. 158, 169 f. (Dienstzeitprämien).

ist nicht nur Ausdruck des Leistungsprinzips[34], sondern auch Ausdruck der Möglichkeit, daß der Beamte seinen Beruf wechselt.

In einer Zeit verbreiteter Arbeitslosigkeit kann man indessen nicht mehr annehmen, daß ein Beamter, der Teilzeitbeschäftigung beantragt, aus anderen Gründen als solchen, die im Beamtenverhältnis wurzeln, finanziell so gesichert ist, daß seine Unabhängigkeit gewährleistet erscheint.

Maßstab der Unabhängigkeit ist zunächst das durch das Besoldungsrecht konkretisierte[35] Alimentationsprinzip, nicht aber ein abstrakter Lebensbedarf. Deshalb kann man nicht argumentieren, der nach A 12 eingestellte Lehrer beziehe bei einer Dreiviertel-Besoldung immer noch ein Gehalt, das zwischen A 9 und A 10 liege[36]. Denn entweder ist eine A 12-Besoldung amtsangemessen, dann ist eine A 9/10-Besoldung zu niedrig. Oder eine A 9/10-Besoldung ist amtsangemessen. Dann ist eine A 12-Besoldung zu hoch. Das verstieße gegen den Grundsatz der funktionsgerechten Besoldung und verpflichtete den Gesetzgeber unter Umständen, die Besoldung im Interesse sparsamer Haushaltsführung zu korrigieren[37].

Hinreichend gesichert ist ein Beamter oder Bewerber immer dann, wenn sein Ehegatte im öffentlichen Dienst tätig ist. Denn nach dem Alimentationsprinzip müssen die Beamtenbezüge „nach Abzug der Steuern den amtsangemessenen Unterhalt für die *Beamtenfamilie als Einheit* gewährleisten".[38] Zu den Beamtenbezügen gehören selbstverständlich die ehegatten- und kinderbezogenen Bestandteile des Ortszuschlages (vgl. § 40 BBesG). Diese Bestandteile werden nicht doppelt gezahlt, wenn auch der andere Ehegatte in den öffentlichen Dienst eintritt (vgl. § 40 Abs. 5 BBesG). Aber das heißt nicht, daß ein teilzeitbeschäftigter Beamter, dessen Ehegatte im öffentlichen Dienst steht, trotz der Minderung seiner Bezüge nicht hinreichend gesichert ist: „Legt man etwa das gegenwärtige System der Besoldungsstruktur zugrunde, ... so entspricht es bei natürlicher Betrachtung einer gewissen Selbstverständlichkeit, daß bei der Familie mit einem oder zwei Kindern der Kindesunterhalt ganz überwiegend aus den allgemeinen, d. h. ‚familienneutralen' und insoweit auch ausreichenden Gehaltsbestandteilen bestritten werden kann und die kinderbezogenen Bestandteile ergänzend hinzutreten."[39] In die-

---

[34] So *Ruland*, ZRP 1983 S. 278, 281.
[35] Vgl. BVerfGE 70 S. 69, 91.
[36] So aber *Ruland*, ZRP 1983 S. 278, 281.
[37] BVerfGE 64 S. 158, 170.
[38] Dazu vor allem BVerfGE 44 S. 249, 272; Hervorhebung durch das Gericht.
[39] BVerfGE 44 S. 249, 274.

sem Sinne haben die familienbezogenen Bestandteile des Ortzuschlages vornehmlich eine soziale, weniger eine alimentierende Funktion[40].

Daraus folgt: Wenn die Alimentierung die Unabhängigkeit des Beamten sichern soll, so ist bei der Teilzeitbeschäftigung einmal die Einwilligung des Beamten und zum anderen die Feststellung erforderlich, daß der Beamte auch bei Teilbezügen finanziell gesichert ist. Diese Frage ist materiell zu prüfen, und zwar bei Beamten wie bei Bewerbern. Wenn ein Bewerber Teilzeitbeschäftigung beantragt, muß er darlegen, daß er auch bei Teilbesoldung hinreichend gesichert ist. Legt er das nicht dar, kann er entweder gar nicht oder nur mit Vollzeitbeschäftigung eingestellt werden.

Da nach dem Alimentationsprinzip ein Bewerber, dessen Ehegatte im öffentlichen Dienst steht, hinreichend gesichert ist, kann er unter dem Aspekt des Art. 33 Abs. 5 GG grundsätzlich auf eine Teilzeitbeschäftigung verwiesen werden. Das Alimentationsprinzip wäre jedenfalls nicht verletzt.

Andererseits wird damit die Höhe der Alimentierung zum Kriterium für die Einstellungsentscheidung. Über die Höhe der Alimentierung hat indessen nicht die Einstellungsbehörde, sondern der Gesetzgeber zu entscheiden (§ 2 Abs. 1 BBesG). Die Einstellungsbehörde verstößt daher gegen das Gesetzmäßigkeitsprinzip (Art. 20 Abs. 3 GG), wenn sie einen Bewerber, dessen Ehegatte im öffentlichen Dienst steht, auf eine Teilzeitbeschäftigung verweist.

Eine andere Frage ist, ob nicht der Gesetzgeber die Doppel-Verdiener-Frage regeln könnte und müßte.

3. Alimentationsprinzip und Doppel-Verdiener-Ehe

Da die Bezüge des Beamten nicht eine Gegenleistung für individuell-persönlich erbrachte Leistung sind, sondern nur „den amtsangemessenen Unterhalt für die *Beamtenfamilie als Einheit* gewährleisten“[41] sollen, ist zu untersuchen, ob die öffentliche Hand nicht ihrer Alimentationspflicht genügt, wenn sie von zwei Ehegatten, die beide im öffentlichen Dienst stehen, nur den höchstverdienenden voll besoldet und beim anderen lediglich die zusätzlichen familiären Ausgaben ersetzt, die durch die Beschäftigung beider Ehegatten entstehen, etwa Ausgaben für Kinderbetreuung und dergleichen. In einem Fall, in dem beide Ehegatten im öffentlichen Dienst teilzeitbeschäftigt waren und entsprechend gekürzte

---

[40] BVerfGE 71 S. 39, 62; zum Sinn des Ortszuschlages vgl. *Bruno Schwegmann / Rudolf Summer*, Bundesbesoldungsgesetz, Loseblattkommentar, München, § 39 Rdn. 3.

[41] BVerfGE 44 S. 249, 272.

Bezüge erhielten (§ 6 BBesG), hat das Bundesverfassungsgericht bereits entschieden, die beiden Ehegatten insgesamt verbleibenden Dienstbezüge seien eine amtsangemessene Besoldung im Sinne des Art. 33 Abs. 5 GG[42].

Dem geltenden Besoldungsrecht liegt allerdings der Gedanke zugrunde, daß grundsätzlich jeder Beamte nach seinem Amt voll zu besolden ist. Es sieht jedoch Ausnahmen vor. Ein Beamter mit mehreren besoldeten Hauptämtern erhält nur die Besoldung aus dem Amt mit den höheren Dienstbezügen (§ 5 BBesG)[43]. Sind beide Ehegatten im öffentlichen Dienst tätig, so wird der familienbezogene Anteil des Ortszuschlages gemindert (§ 40 Abs. 5 BBesG). Beim Zusammentreffen von Versorgungsbezügen mit Verwendungseinkommen oder beim Zusammentreffen mehrerer Versorgungsbezüge sind für die Versorgungsbezüge Höchstgrenzen festgelegt (§§ 53, 54 BeamtVG). Diese Regelungen orientieren sich zwar am Grundsatz der amtsangemessenen Alimentierung und berücksichtigen Versorgungspflichten, knüpfen aber letztlich an den individuell „erdienten" Anspruch an. Zu fragen ist daher, ob Art. 33 Abs. 5 GG dem Gesetzgeber verbietet, hinter den individuell „erdienten" Besoldungsanspruch zurückzugehen, weil die Familie des Beamten bereits alimentiert ist.

Bisher war es nicht notwendig, diese Frage zu entscheiden. Zu einschlägigen Fällen hat das Bundesverfassungsgericht Lösungen gewählt, die das Problem offen lassen.

So durfte der Versorgungsanspruch des Witwers einer Beamtin nicht davon abhängig gemacht werden, ob die Beamtin dem Witwer zum Unterhalt verpflichtet war, weil Besoldung und Versorgung eigenständige, im Beamtenverhältnis wurzelnde Unterhaltsrechte sind[44]. Diese Erwägung schließt indessen nicht aus, Bezüge in dem Umfang zu mindern, in dem eine „Familie als Einheit" über den amtsangemessenen Unterhalt hinaus alimentiert wird, weil in diesem Fall nicht die Unterhaltsverpflichtung, sondern die familienbezogene Alimentation den Maßstab bildet.

In einem anderen Fall erhielt die Witwe eines Beamten kein Witwengeld, weil sie aus einem eigenen Beamtenverhältnis bereits das höchstmögliche Ruhegehalt bezog. In diesem Fall hat das Gericht zwar ausgeführt:

> „Der Beamte hat nach einem hergebrachten und zu beachtenden Grundsatz des Berufsbeamtentums Anspruch auf amtsangemessene Alimentierung seiner Person, seiner Familie und seiner Hinterbliebenen. Mehr ist verfassungsrecht-

---

[42] BVerfGE 71 S. 39, 62 f.
[43] Dazu BVerfGE 55 S. 207, 238.
[44] BVerfGE 21 S. 329, 346.

lich nicht garantiert. Deshalb kann der Gesetzgeber für den Fall, daß dem Beamten mehrere Einkünfte aus einem Beamtenverhältnis zufließen, in gewissen Grenzen den einen oder anderen Anspruch ‚kürzen'[45]."

Dann hat das Gericht aber nicht mit Art. 33 Abs. 5 GG, sondern mit dem allgemeinen Gleichheitssatz (Art. 3 Abs. 1 GG) argumentiert.

Auf den allgemeinen Gleichheitssatz hat es sich auch bezogen, als es zu beurteilen hatte, ob der ehegattenbezogene Anteil des Ortzuschlages bei Ehegatten, die beide im öffentlichen Dienst teilzeitbeschäftigt sind, überproportional gekürzt werden darf[46]. Um den allgemeinen Gleichheitssatz geht es aber bei der Frage nach der Kürzung von Bezügen bei Doppel-Verdiener-Ehen zunächst nicht.

Die Antwort hängt vielmehr davon ab, ob die amtsangemessene Alimentierung lediglich auf die Beamtenfamilie als Einheit beschränkt werden darf. Denkt man das Alimentationsprinzip konsequent zu Ende, so müßte sich der Gesetzgeber auf eine Alimentierung der Familie beschränken dürfen. Die individuell-persönliche Leistung des Beamten darf grundsätzlich ohnehin kein Kriterium für die Bemessung der Bezüge sein. Maßstab ist allerdings auch das Amt[47]. Aber für die Ausübung seiner Amtspflichten erhält der Beamte schon mit Grundgehalt und Ortszuschlag der Stufe I den Unterhalt für sich und seine Familie. In Doppel-Verdiener-Ehen bezieht er deshalb zwei Einkünfte aus zwei Beamtenverhältnissen, Einkünfte aus dem eigenen und den Familienanteil aus dem Beamtenverhältnis des Ehegatten. Unter dem Aspekt der Alimentation, die sich auf die Familie als Einheit bezieht, ist das dem Fall der Besoldung bei mehreren Hauptämtern (§ 5 BBesG) vergleichbar, und in diesem Fall darf der Staat kürzen.

Der Einwand gegen diesen Vergleich liegt allerdings auf der Hand. Ein Beamter mit mehreren besoldeten Hauptämtern kann seine ganze Arbeitskraft nur einmal zur Verfügung stellen. Also darf er auch nur einmal besoldet werden[48]. In einer Doppel-Verdiener-Ehe stehen jedoch zwei ganze Arbeitskräfte zur Verfügung. Ganz stimmt das freilich nicht. Das Beamtenversorgungsrecht geht davon aus, daß die nicht berufstätige Beamtenfrau die Arbeit ihres Mannes für eine längere Zeit mitgetragen hat und deshalb die vollen Versorgungsbezüge erhält[49]. Dieses „Mittragen" der Arbeit des anderen Ehegatten entfällt, wenn der eine Ehegatte selbst im öffentlichen Dienst tätig ist. Der Einwand ist aber vor allem deshalb

---

[45] BVerfGE 46 S. 96, 107.
[46] BVerfGE 71 S. 39, 50 ff.
[47] BVerfGE 71 S. 39, 60.
[48] Dazu BVerfGE 55 S. 207, 231, 237.
[49] BVerfGE 21 S. 329, 348; vgl. heute § 20 BeamtVG.

nicht stichhaltig, weil er dem Alimentationsprinzip nur das Prinzip der individuell-persönlichen Leistung entgegen setzt. Dem Prinzip der individuellen Leistung trägt das Beamtenrecht aber grundsätzlich durch Beförderungen Rechnung, nicht durch die Besoldung.

Weitere beamten- oder verfassungsrechtliche Bedenken gegen eine familienorientierte Herabsetzung der Besoldung bei Doppel-Verdiener-Ehen sind nicht ersichtlich. Da die Beamten keinen Besitzstand an ihren Gehältern haben[50], brauchte, ja dürfte sich die Herabsetzung nicht auf Neueinstellungen beschränken. Sie könnte auf alle Doppel-Verdiener-Ehen erstreckt werden. Allerdings bedürfte sie der gesetzlichen Regelung (§ 2 Abs. 1 BBesG). Die Einstellungsbehörden und Besoldungsämter könnten sie nicht von sich aus praktizieren.

Gleichwohl ist fraglich, ob die Kürzung vor dem Bundesverfassungsgericht Bestand hätte. Das Alimentationsprinzip war immer und ist heute mehr denn je umstritten[51]. Wie das Beispiel der Beamtenwitwe belegt, hat das Bundesverfassungsgericht sogar bei der Versorgung eine Leistung der Witwe angenommen, die der Gesetzgeber entgelten wolle. Dem Trend, auch im Beamtenrecht die Bezüge an der individuellen Leistung zu orientieren, wird sich das Gericht kaum entziehen können, wenn es vor die Alternative gestellt wird: Orientierung am Familienunterhalt oder an individueller Leistung.

4. Ergebnis

Die Verwaltung kann nach geltendem Haushalts- und Organisationsrecht Teilzeitstellen schaffen. Da ein Bewerber für den öffentlichen Dienst Art und Verteilung der Stellen als gegeben hinnehmen muß, bedarf es insoweit nicht seiner Einwilligung in eine Teilzeitbeschäftigung.

Eine Einwilligung ist jedoch unter dem Aspekt der Alimentation erforderlich. Das Alimentationsprinzip verlangt darüber hinaus, daß die Einstellungsbehörde materiell prüft, ob die wirtschaftliche Sicherheit des Beamten trotz Teilbesoldung gewährleistet ist.

Da die Beamtenalimentation dem standesgemäßen Unterhalt der Beamtenfamilie als Einheit dient und die familienbezogenen Zuschläge zum Gehalt nur als „Anerkennungsgebühren“ betrachtet werden können, überschreitet die Besoldung eines Beamten, dessen Ehegatte auch im öffentlichen Dienst tätig ist, erheblich das vom Alimentationsprinzip gebotene Maß. Sie könnte daher durch Gesetz abgesenkt werden.

---

[50] BVerfGE 18 S. 159, 166 f.; 56 S. 146, 162, 165; vgl. auch BVerfGE 8 S. 332, 342.

[51] Vgl. im einzelnen *Till*, Fn. 25 S. 57, 89, 117.

II. Gleicher Zugang zum Amt (Art. 33 Abs. 2 GG)

Wie die Überlegungen zu Art. 33 Abs. 5 GG gezeigt haben, erhält ein Bewerber, der auf eine Teilzeitbeschäftigung verwiesen wird, nicht einfach eine organisationsrechtlich in bestimmter Weise zugeschnittene Stelle, er muß auch Besoldungseinbußen hinnehmen, die dem Alimentationsprinzip widersprechen. Gemessen am Alimentationsprinzip wird er schlechter gestellt als alle anderen Beamten[52]. Da das Alimentationsprinzip zu den hergebrachten Grundsätzen des Berufsbeamtentums gehört, wird ein Beamter mit Teilzeitbeschäftigung ein Beamter minderen Rechtes. Das verstößt auf den ersten Blick gegen den Wortlaut des Art. 33 Abs. 2 GG: „Jeder Deutsche hat nach seiner Eignung, Befähigung und fachlichen Leistung gleichen Zugang zu jedem öffentlichen Amt", weil die Minderung des Beamtenstatus an ein Kriterium anknüpft, das in Art. 33 Abs. 2 GG nicht genannt ist: an den Tatbestand der Ehe.

Der zweite Blick lehrt jedoch, daß die Anknüpfung an die Ehe den Sachverhalt unzulässig vereinfacht. Der Vorschlag, bestimmte Bewerber auf Teilzeitbeschäftigung zu verweisen, beabsichtigt weder eine Auslese nach unsachlichen Gesichtspunkten noch eine Benachteiligung Verheirateter, er will vielmehr die Voraussetzung dafür schaffen, daß weitere Bewerber in den öffentlichen Dienst eingestellt werden können. Liest man Art. 33 Abs. 2 GG in der Verkürzung: „jedem Deutschen ... gleichen Zugang zu jedem öffentlichen Amte", das heißt als Quasiverteilungsregel, dann könnte das Ziel, weitere Lehramtsbewerber unterzubringen, gerade dem Sinn der Vorschrift entsprechen und insoweit die Maßnahme decken. Die Frage ist jedoch, ob Art. 33 Abs. 2 GG wirklich diesen Sinn hat.

1. Zugang für jeden Deutschen

Art. 33 Abs. 2 GG regelt einen wichtigen Anschluß des Staatsdienstes an die Gesellschaft: die Rekrutierung für öffentliche Ämter. „Eignung, Befähigung und fachliche Leistung" verbinden Personen und Ämter in der Weise, daß sie die Kriterien der Auswahl von Personen für Ämter auf persönliche Merkmale beschränken, die einerseits jeder Deutsche erwerben kann und die andererseits für die Amtsführung vorteilhaft sind. Art. 33 Abs. 2 GG will also die Besetzung öffentlicher Ämter funktional optimieren.

---

[52] Ob auch die Einstellung im Angestelltenverhältnis eine Einschränkung des Zugangs zum öffentlichen Dienst ist, kann hier offen bleiben. Dafür VG Karlsruhe, JZ 1980 S. 272 f.; *Leisner*, ZBR 1980 S. 361; dagegen *Stober*, JZ 1980 S. 249 f., unter treffender Berufung auf BVerfGE 44 S. 249, 262.

Das ist mehr als der Ausschluß von Ämterpatronage und „Parteibuchverwaltung“ und etwas anderes als parteipolitische Neutralisierung des Beamtentums. Es bedeutet, daß Art. 33 Abs. 2 GG alle Kriterien ausschließt, die nicht als persönliche Merkmale auf Ämter bezogen werden können. Dazu gehören offensichtlich solche Phänomene wie Arbeitslosigkeit. Im Falle des Bewerberüberhanges ändert sich an der Personbezogenheit der Kriterien des Art. 33 Abs. 2 GG nichts. Die Vorschrift wird nur von einer Auswahl – zu einer Auslesevorschrift und besagt: Bewerben sich mehrere Personen um eine Stelle im öffentlichen Dienst, so soll die Person eingestellt werden, die am geeignetsten, befähigtsten und fachlich am versiertesten ist.

Das muß allerdings festgestellt werden. Für die Feststellung benötigt man ein Verfahren, in das – nähme man Art. 33 Abs. 2 GG wörtlich – jeweils „jeder Deutsche“ einbezogen werden müßte. Selbstverständlich ist das unmöglich. Deshalb läßt Art. 33 Abs. 2 GG eine Vorauslese zu, etwa durch das Prinzip der Freiwilligkeit, das eine Bewerbung von der Selbsteinschätzung des Bewerbers abhängig macht, oder durch das Prinzip der formalen Qualifikation, das Schulen und Universitäten bei der Auslese mitentscheiden läßt, schließlich durch das Prinzip des Zufalls, das alle von der Bewerbung ausschließt, die nicht zur Verfügung stehen können, beispielsweise weil sie zu jung oder zu alt sind. Freiwilligkeit, Zufall und formale Qualifikation müssen jedoch von Rechts wegen in das Verfahren eingebracht werden können. Deshalb läßt man sie in „subjektiven Rechten“ aufgehen, deren Geltendmachung vom Bewerber als Person zu verantworten ist. Die Rechte, die Art. 33 Abs. 2 GG dem einzelnen verleiht, sind deshalb nicht Rechte auf ein Amt – über die Organisation der Ämter und die Qualifikation der Bewerber sagt Art. 33 Abs. 2 GG auch gar nichts aus –, sondern Rechte auf ein faires Verfahren. Mit *Isensee*[53] kann man deshalb sagen, Art. 33 Abs. 2 GG verspricht nicht Gleichheit, sondern Chancengleichheit.

Art. 33 Abs. 2 GG als Auslesevorschrift für den Fall des Bewerberüberhanges zu interpretieren, ist auch durch die Gewährleistung der Berufsfreiheit (Art. 12 Abs. 1 GG), insbesondere durch das Recht auf freie Wahl der Ausbildungsstätte im Sinne der Numerus-clausus-Rechtsprechung des Bundesverfassungsgerichtes[54] geboten. Diese Rechtsprechung bedeu-

---

[53] Fn. 1 S. 340.

[54] Vgl. besonders BVerfGE 33 S. 303, 329 – Numerus clausus –; zur Problematik siehe *Gerd Roellecke*, Studienvoraussetzungen, in: Christian Flämig, Volker Grellert, Otto Kimminich u. a. (Hrsg.), Handbuch des Wissenschaftsrechtes, Berlin/Heidelberg, S. 721, 725.

tet: Auf dem Arbeitsmarkt für Lehrer hat der Staat zwar praktisch ein Nachfragemonopol, aber das Angebot kann er nur sehr langsam und mit starken Verzögerungen über die Zahl der Studienplätze (Hochschulkapazität) und – aber dieses Thema ist bereits tabuisiert – äußerstenfalls über die Durchfallquote bei Staatsprüfungen steuern. Deshalb ist von Verfassungs wegen ständig mit einer Diskrepanz zwischen der Zahl der Bewerber und der Zahl der Stellen im öffentlichen Dienst zu rechnen. Diese Diskrepanz muß durch ein Ausleseverfahren nach den Kriterien des Art. 33 Abs. 2 GG ausgeglichen werden.

Daß Art. 33 Abs. 2 GG Ansprüche auf ein faires Ausleseverfahren als subjektive Rechte gewährt, verschärft überdies den Ausschluß nichtpersonbezogener Auswahlkriterien. Gegen subjektive Rechte kann man nur Gründe ins Feld führen, die sich entweder aus Sein und Handeln des Individuums selbst – etwa ansteckende Krankheiten, fehlende Qualifikation, mangelhafte Bewerbung – oder aus dem gesetzten Recht ergeben, beispielsweise aus verfassungsmäßigen Rechten anderer. Gegenüber verfassungsmäßigen subjektiven Rechten spielen noch so gute Gründe des Gemeinwohls, der Mitmenschlichkeit, der Solidarität keine Rolle. Sie verlangen, die Betrachtung ganz auf die Erwartungen des Individuums zu focussieren[55]. Trotz der Beteuerung des Bundesverfassungsgerichtes[56], das Menschenbild des Grundgesetzes sei nicht das eines isolierten souveränen Individuums, sondern das der gemeinschaftsgebundenen und gemeinschaftsbezogenen Person, gibt es verfassungsrechtlich keine allgemeine Sozialpflicht. Es kann sie auch nicht geben, weil die Folgen unübersehbar wären. Schon der Satz „Eigentum verpflichtet" (Art. 14 Abs. 2 Satz 1 GG) ist problematisch, die Sätze „Ausbildung verpflichtet" oder „Besoldung verpflichtet" sind juristisch sinnlos[57].

Daraus folgt: Art. 33 Abs. 2 GG gewährt zwar keinen Anspruch auf ein öffentliches Amt, sondern nur einen Anspruch auf gerichtliche Kontrolle der Auslese zwischen Bewerbern, aber für die gerichtliche Kontrolle können Maßstäbe grundsätzlich nur die auf den individuellen Bewerber bezogenen Kriterien: Eignung, Befähigung und fachliche Leistung sein.

2. *Zu jedem öffentlichen Amt*

Entsprechendes ergibt sich, wenn man Art. 33 Abs. 2 GG vom öffentlichen Amt her interpretiert. Eignung, Befähigung und fachliche Leistung

---

[55] Instruktiv dazu die Geschichte der Brüningschen Sparverordnungen von 1930; vgl. *Hattenhauer,* Fn. 6 S. 348 ff.

[56] BVerfGE 4 S. 7, 15; 50 S. 290. 353; ständige Rechtsprechung.

[57] Näher *Gerd Roellecke,* Der Zustand des Rechtsstaates, ein Cappenberger Gespräch am 21. März 1986 in Speyer, Köln 1986, S. 27, 38 f.

gewinnen erst Sinn und Inhalt, wenn man sie auf das konkrete Amt bezieht, das besetzt werden soll. Art. 33 Abs. 2 GG will gerade den Anschluß zwischen Staatsdienst und Bürger regeln, indem er Ämter und individuelle Merkmale in Übereinstimmung bringt. Dann wird die Funktion des Amtes zum Kriterium für die individuellen Merkmale. Deshalb dürfen bei konfessionsgebundenen Ämtern – Beispiel: Religionslehrer – die Konfession und bei besonderen Vertrauenspositionen – Beispiel: Staatssekretär – die politische Loyalität der Bewerber berücksichtigt werden. Unter dem Aspekt der Funktion des Amtes erscheint auch die Besetzung politischer Ämter durch Wahlen nicht als systemwidrig. Politische Ämter haben die Funktion, politische Probleme aufzunehmen, zu vereinfachen, darzustellen und unter Umständen zur Bearbeitung in den Verwaltungsapparat zu geben. Wahlen öffnen politische Ämter für politische Probleme und prägen den Gewählten für seine Aufgabe. Er gewinnt das Vertrauen, das für die Erfüllung der Aufgaben des Amtes notwendig ist. Unter diesem politischen Aspekt ist der jeweils Gewählte auch der Geeignetste, und unter diesem Aspekt gibt es keine Kollision zwischen Art. 33 Abs. 2 GG und dem Prinzip, bestimmte Ämter durch Wahlen zu besetzen[58]. Die angebliche Kollision kommt nur dadurch zustande, daß man einerseits politische Ämter zwar zutreffend als Ämter im Sinne des Art. 33 Abs. 1 bis 3 GG versteht, dann aber unzutreffend alle Ämter im Sinne des Art. 33 Abs. 1 bis 3 GG über einen Leisten schlägt. Funktional unterscheiden sich die Ämter nicht nur unter dem Aspekt des Faches, sondern auch unter dem der Politik. Politische Ämter haben die Aufgabe, Programme zu setzen, und dürfen parteipolitisch besetzt werden, weil die Parteien an der politischen Willensbildung des Volkes mitwirken (Art. 21 Abs. 1 GG). Verwaltungsämter haben die Aufgabe, Programme durchzuführen, und müssen deshalb parteipolitisch neutralisiert werden. Ämter der Daseinsvorsorge haben die Aufgabe, öffentliche Leistungen zu erbringen, und müssen deshalb fachkundig ausgefüllt werden. Selbstverständlich gibt es Überschneidungen. Knüpft man an die Funktion der Ämter an, wird aber klar, welche unmittelbare Bedeutung Art. 33 Abs. 2 GG beispielsweise für Wahlämter hat. Er liefert die Maßstäbe für die Bedingungen von Wahlen, soweit nicht Art. 38 Abs. 1 GG vorgeht, etwa für die Wählbarkeit fachkundiger Beamter (Beispiel: Universitätskanzler, § 17 bwUniG) oder den Ausschluß der Wählbarkeit von Personen, bei denen die Gefahr von Interessenkollisionen besteht (Beispiel: Bürgermeister, § 46 Abs. 2 und 3 bwGemO).

---

[58] Auch das Bundesverfassungsgericht geht nicht von einer Kollision aus; vgl. BVerfGE 7 S. 155, 163 f. (Bürgermeisterabwahl).

Wenn die Funktion des Amtes nach Art. 33 Abs. 2 GG letzter Maßstab für die Auslese von Bewerbern ist, dann schließt die Vorschrift die Berufung auf einen Bewerberüberhang aus. Zwar kann die Besetzung von Ämtern arbeitsmarktpolitisch nicht neutral sein. Aber es ist nicht der Sinn von Ämtern, den Arbeitsmarkt zu entlasten. Gegenüber dem einzelnen Bewerber ist die Lage des Arbeitsmarktes daher kein Ausleseargument.

3. Gesetzliche Sonderregelungen

Der Gesetzgeber hat die Zugangsregelung des Art. 33 Abs. 2 und 3 GG in das allgemeine Beamtenrecht übernommen (§ 7 BRRG) und durch Laufbahnvorschriften konkretisiert (§§ 11 ff. BRRG). Er hat jedoch auch Sondervorschriften für Wiedergutmachungsberechtigte, Polizeivollzugsbeamte im Bundesgrenzschutz, Soldaten, Spätheimkehrer und Schwerbehinderte getroffen. Auf den ersten Blick weichen diese Vorschriften von den Auslesekriterien des Art. 33 Abs. 2 GG aus sozialen Gründen ab. Der soziale Gesichtspunkt verbindet sie mit dem Angebot von Teilzeitbeschäftigung aus arbeitsmarktpolitischen Gründen. Daher ist zu prüfen, ob sie eine Analogie erlauben oder ob sich aus ihnen Gründe ergeben, die auch das Angebot von Teilzeitbeschäftigung rechtfertigen.

a) Wiedergutmachungsberechtigte

Nach § 9 Abs. 1 des Gesetzes zur Regelung der Wiedergutmachung nationalsozialistischen Unrechts für Angehörige des öffentlichen Dienstes[59] hatte ein entlassener oder vorzeitig in den Ruhestand versetzter Beamter Anspruch auf bevorzugte Wiedereinstellung, wenn er die sonstigen allgemeinen Voraussetzungen für die Berufung in das Beamtenverhältnis erfüllte. Diese Regelung ist grundsätzlich durch Art. 33 Abs. 5 GG gerechtfertigt[60]. Zu den hergebrachten Grundsätzen des Berufsbeamtentums im Sinne dieser Vorschrift gehört eine Fürsorgepflicht des Staates, die über die Beendigung des Beamtenverhältnisses hinausreicht[61]. Diese Fürsorgepflicht deckt auch die Wiedereinstellung eines Beamten, der sein Amt durch die Folgen des Zweiten Weltkrieges verloren hat. Eine Analogie zum Bewerberüberhang erlaubt der Fall offensichtlich nicht.

---

[59] In der Fassung vom 15. Dezember 1965, BGBl. I S. 2073.

[60] So treffend *Eberhard Schmidt-Aßmann*, Leistungsgrundsatz des Art. 33 II GG und soziale Gesichtspunkte bei der Regelung des Zugangs zum Beamtenverhältnis, NJW 1980 S. 16, 19.

[61] BVerfGE 19 S. 76, 85.

b) Bundeswehr und Bundesgrenzschutz

Für Soldaten auf Zeit, die im Anschluß an ihr Wehrdienstverhältnis Beamte werden wollen, sieht § 10 des Soldatenversorgungsgesetzes[62], und für Polizeivollzugsbeamte im Bundesgrenzschutz, die in andere Laufbahnen versetzt werden wollen, sieht § 9 des Bundespolizeibeamtengesetzes[63] kontingentierte Stellenvorbehalte vor. Auch diese Regelung läßt sich mit der Fürsorgepflicht rechtfertigen[64]. Unteroffiziere und Mannschaften auf Zeit können nicht über das 40. Lebensjahr hinaus dienen (vgl. § 40 Abs. 1 Nr. 1 SoldatenG). Mit 41 Jahren ist ein Mann jedoch noch voll erwerbsfähig und – wenn auch unter erschwerten Bedingungen – in der Lage, den Beruf zu wechseln. Aber für die Bundeswehr ist er aus militärpolitischen Gründen und aus Gründen der Personalstruktur nicht mehr verwendbar. Da er seinen Dienst für den Staat wie jeder Beamte geleistet hat, ist der Staat mindestens berechtigt, nach Beendigung der Dienstzeit für ihn zu sorgen, indem er ihn unter Berücksichtigung der Kriterien des Art. 33 Abs. 2 GG im öffentlichen Dienst weiter beschäftigt. Letztlich werden der Soldat oder der Polizeivollzugsbeamte im Bundesgrenzschutz mit der Versorgung nur so behandelt wie ein Angehöriger des öffentlichen Dienstes in den Regellaufbahnen. Eine strukturelle Ähnlichkeit zur Lehrerarbeitslosigkeit ist nicht gegeben.

c) Spätheimkehrer

Eine klare Abweichung von den Kriterien des Art. 33 Abs. 2 GG enthält § 9 a Satz 1 des Heimkehrergesetzes[65]: „Im öffentlichen Dienst sind Heimkehrer, die seit dem 1. Januar 1948 entlassen worden sind, bei Vorliegen entsprechender fachlicher Voraussetzungen vor anderen Bewerbern bevorzugt einzustellen." Verfassungsrechtlich kann diese Bevorzugung nur mit dem Sozialstaatsprinzip (Art. 20 Abs. 1 GG) gerechtfertigt werden. Die Dogmatik des Sozialstaatsprinzips kann hier nicht im einzelnen aufbereitet werden[66]. Das Bundesverfassungsgericht hat aber zu der Frage, ob die Sozialstaatsklausel gebiete, die Rechtsbezie-

---

[62] Stand vom 23. Juni 1986, BGBl. I S. 915.

[63] Stand vom 24. August 1976, BGBl. I S. 2485.

[64] Allerdings kaum aus sozialpolitischen Gründen, wie *Schmidt-Aßmann*, NJW 1980 S. 16, 19, treffend bemerkt.

[65] Gesetz über Hilfsmaßnahmen für Heimkehrer in der Fassung vom 17. August 1953, BGBl. I S. 931.

[66] Zum Grundsätzlichen vgl. *Ernst Forsthoff* (Hrsg.), Rechtsstaatlichkeit und Sozialstaatlichkeit, Darmstadt 1968; *Klaus Stern*, Art. Sozialstaat, EvStL 2. Aufl. 1975, Sp. 2402; *Herzog*, in: Maunz/Dürig, GG Art. 20 Abschnitt VIII.

hungen zwischen Rundfunkanstalten und ihren in der Programmgestaltung tätigen Mitarbeitern als unbefristete Arbeitsverhältnisse einzuordnen, erklärt, der Auffassung, daß dieses Prinzip gleichrangig der Rundfunkfreiheit gegenübertrete und daß es darauf ankomme, diese rechtliche Spannungslage im Wege einer Konkordanz beider Prinzipien aufzulösen, könne nicht gefolgt werden: „Eine unmittelbare Begrenzung durch das Sozialstaatsprinzip würde voraussetzen, daß das Prinzip zu der Frage, inwieweit Rundfunkanstalten ‚freie Mitarbeiter' als Arbeitnehmer beschäftigen müssen, einen konkreten und verbindlichen Auftrag enthielte. Das ist nicht der Fall."[67]

Die Darlegungen des Gerichts sind für die Frage, welche Abweichungen von den Kriterien des Art. 33 Abs. 2 GG verfassungsrechtlich zulässig sind, in dreierlei Hinsicht wichtig.

Einmal ergibt sich aus ihnen, daß das Sozialstaatsprinzip die Grundrechte nicht unmittelbar beschränken kann. Da Art. 33 Abs. 2 GG ein grundrechtsgleiches subjektives Recht enthält (vgl. Art. 93 Abs. 1 Nr. 4a GG), wird man diesen Gedanken auch auf ihn anwenden müssen.

Zum anderen zeigen sie in der Sache, daß das Gericht der Funktion des Rundfunks, den Austausch von Meinungen und Informationen zu fördern, den Vorrang vor sozialen Belangen eingeräumt hat. Dem wird man nicht widersprechen können. In einer offenen, arbeitsteiligen Gesellschaft schafft grundsätzlich nur eine möglichst optimale Funktionserfüllung die Möglichkeit, „für eine gerechte Sozialordnung zu sorgen". Das Sozialstaatsgebot höbe sich selbst auf, wenn es die Leistungsfähigkeit des Gemeinwesens einschränkte, indem es die Funktionserfüllung behinderte. Das gilt sicher für die Rundfunkfreiheit. Ohne einen allgemeinen Meinungsmarkt würden soziale Probleme vielfach nicht einmal bekannt. Der Vorrang der Funktionserfüllung muß aber auch für die Besetzung von Ämtern und damit für Art. 33 Abs. 2 GG gelten. Denn nur bei einer funktionsgerechten Besetzung von Ämtern kann der Staat die soziale Gerechtigkeit verwirklichen, die das Sozialstaatsprinzip fordert.

Drittens schließlich verlangt das Bundesverfassungsgericht mit Recht einen speziellen Auftrag, der sich aus dem Sozialstaatsprinzip ableiten lassen muß. Da es gleichzeitig das Sozialstaatsprinzip für offen erklärt, ist solch eine Ableitung nicht einfach. Man braucht indessen nicht auf Evidenz und allgemeine Anerkennung der Abweichungen zu verweisen. Das Bundesverfassungsgericht hat subjektive Rechte in Fällen hinter das Sozialstaatsprinzip zurücktreten lassen, die deutlich zeigen, was gemeint ist: in Fällen der Abwicklung von Folgen des Zweiten Weltkrieges und

---

[67] BVerfGE 59 S. 231, 262 f.

der Besatzungszeit. In diesem Zusammenhang hat es aus dem Sozialstaatsprinzip gefolgert, „daß die staatliche Gemeinschaft in der Regel Lasten mitträgt, die aus einem von der Gesamtheit zu tragenden Schicksal, namentlich durch Eingriffe von außen, entstanden sind und mehr oder weniger zufällig nur einige Bürger oder bestimmte Gruppen getroffen haben".[68] Eine Lage wie die der Deutschen nach dem Zweiten Weltkrieg verlangte in der Tat nach einem sozialen Ausgleich ohne Rücksicht auf bestehende Rechte. Es wäre eine evidente Ungleichbehandlung gewesen, hätten nur diejenigen die Folgen des Zweiten Weltkrieges zu tragen gehabt, die aus biographischen oder geographischen Zufällen geschädigt worden sind, obwohl fast alle Deutschen die Kriegführung ermöglicht haben.

Bedenkt man den speziellen Aspekt der Schicksalsgemeinschaft, so ist die Abweichung von Art. 33 Abs. 2 GG zugunsten von Spätheimkehrern durch die Sozialstaatsklausel gerechtfertigt. Bei den Heimkehrern ging es nicht nur um Versorgung und Entschädigung, sondern vor allem um die Wiedereingliederung in das normale Arbeitsleben, in den Beruf[69]. Die Spätheimkehrer genauso zu behandeln, wie diejenigen, die eine normale Ausbildung durchlaufen konnten, hätte bedeutet, den Zeitverlust und das Leiden, die sie als Folge des von uns allen verlorenen Krieges hinnehmen mußten, so zu behandeln, wie unter normalen Umständen mangelnden Fleiß oder mangelnde Intelligenz – eine evidente Ungleichbehandlung.

Damit ist zugleich klar, daß die Heimkehrerregelung keine Analogie zur Lehrerarbeitslosigkeit erlaubt. Daß viele Lehramtsbewerber nicht eingestellt werden können, ist gewiß ein politisches Übel, aber eine Katastrophe wie der Zweite Weltkrieg und ein wirkliches physisches oder geistiges Opfer wie langjährige Kriegsgefangenschaft ist es offenkundig nicht. Selbstverständlich erlebt der einzelne Lehramtsbewerber die Nichteinstellung als mehr oder weniger tiefe Enttäuschung. Juristisch kann er diese Enttäuschung aber nicht auf die Allgemeinheit abwälzen. Er muß die Gründe bei sich selbst suchen. Das Recht gewährt ihm keinen Anspruch auf ein Amt und bedeutet ihm, er sei eben weniger geeignet, befähigt und fachkundig als ein anderer Bewerber. Eine andere Lösung vertrüge sich auch weder mit dem Recht jedes (einzelnen) Deutschen auf Zugang zu jedem (einzelnen) öffentlichen Amt noch mit den Gesetzen des Arbeitsmarktes. Die Befreiung des Arbeitsmarktes von ständischen Schranken hat den Ausgleich von Angebot und Nachfrage zwar außerordentlich erleichtert, aber – wie Erfahrung und Theorie lehren – zyklisch

---

[68] BVerfGE 27 S. 253, 283 (Besatzungsschäden); 41 S. 126, 153 (Reparationsschäden).

[69] Zur Bedeutung des Berufs vgl. BVerfGE 7 S. 377, 397.

wiederkehrende Angebots- oder Nachfrageüberhänge zur systembedingten „Normalität" gemacht. Lehrerarbeitslosigkeit kann deshalb nicht mit dem Ausnahmezustand nach dem Zweiten Weltkrieg verglichen werden.

d) Schwerbehinderte

Folgt man der Konkretisierung des Sozialstaatsprinzips durch das Bundesverfassungsgericht, wird auch die Schwerbehindertenregelung verständlich. Schwere Behinderung ist ein hartes persönliches Schicksal, zu dessen Linderung der Staat im Rahmen des Gleichheitssatzes beitragen muß[70]. Aber vom Standpunkt des Gemeinwesens ist sie leider kein „Ausnahmezustand", sondern ein Dauerproblem, das sich nach menschlichem Ermessen nie völlig lösen lassen wird. Deshalb kann sie die Einschränkung verfassungsmäßiger Rechte nicht rechtfertigen. Schwere Behinderung ist eine „normale" Belastung, die vom Gemeinwesen als Ganzem getragen werden muß und nicht auf einzelne Funktionen oder Subjekte abgewälzt werden darf. Dem hat der Gesetzgeber aber auch entsprochen.

Die Anwendung der Schwerbehindertenförderung nach dem „Gesetz zur Sicherung der Eingliederung Schwerbehinderter in Arbeit, Beruf und Gesellschaft (Schwerbehindertengesetz)"[71] auf den Zugang zum öffentlichen Dienst drückt am besten § 50 Abs. 1 aus:

> „(1) Die besonderen Vorschriften und Grundsätze für die Besetzung der Beamtenstellen sind unbeschadet der Geltung dieses Gesetzes auch für schwerbehinderte Beamte so zu gestalten, daß die Einstellung und Beschäftigung Schwerbehinderter gefördert und ein angemessener Anteil Schwerbehinderter unter den Beamten erreicht wird."

§ 13 der Bundeslaufbahnverordnung konkretisiert diese Vorschrift wie folgt:

> „(1) Von Schwerbehinderten darf bei der Einstellung, Anstellung und Beförderung nur das Mindestmaß körperlicher Eignung verlangt werden.
>
> (2) Im Prüfungsverfahren sind für Schwerbehinderte die ihrer Behinderung angemessenen Erleichterungen vorzusehen.
>
> (3) Bei der Beurteilung der Leistung Schwerbehinderter ist eine etwaige Minderung der Arbeits- und Verwendungsfähigkeit durch die Behinderung zu berücksichtigen."

Mit diesen Vorschriften ist nicht mehr gesagt als: Eine Behinderung soll den Bewerbern nicht zum Nachteil im Verhältnis zu gesunden Bewerbern gereichen. Maßstab für die Einstellung, Anstellung und Beförderung

---

[70] Vgl. BVerfGE 44 S. 353, 375.

[71] In der Fassung der Bekanntmachung vom 26. August 1986, BGBl. I S. 1421.

bleibt aber die optimale Besetzung des Amtes[72]. Daher hat das Bundesverwaltungsgericht[73] zutreffend entschieden, ein Bewerber mit einer schweren Armverletzung und schlechten Prüfungsleistungen brauche nicht in die Laufbahn des höheren Dienstes übernommen zu werden, weil er „den üblichen Anforderungen nicht etwa wegen seiner Beschädigung, sondern wegen seiner von der Beschädigung unabhängigen Schwäche der fachlichen Leistung nicht gerecht wird". Die Schwerbehindertenregelung weicht mithin nicht von den Kriterien des Art. 33 Abs. 2 GG ab. Sie will die zuständigen Behörden nur dazu veranlassen, sich bei ihren Entscheidungen auf die Merkmale zu konzentrieren, auf die es bei der Besetzung des Amtes wirklich ankommt. Aus diesem Grunde bietet auch sie keinen Ansatz für eine Analogie zum Angebot von Teilzeitbeschäftigungen an Bewerber, deren Ehegatte bereits im öffentlichen Dienst tätig ist.

e) Bevorzugungen und Ausgrenzungen

Aber selbst wenn die Regelung der Einstellung von Wiedergutmachungsberechtigten, Soldaten, Bundesgrenzschutzbeamten, Spätheimkehrern und Schwerbehinderten von Art. 33 Abs. 2 GG abwiche und über die Sozialstaatsklausel gerechtfertigt werden müßte, wäre eine Analogie kaum möglich. Der strukturelle Unterschied zur Verweisung auf Teilzeitbeschäftigungen besteht darin, daß die geltenden Regelungen einzelne eng umschriebene und prinzipiell nach persönlichen Merkmalen abgegrenzte Gruppen positiv herausheben, während die Verweisung auf Teilzeitbeschäftigungen eine Gruppe von Bewerbern negativ ausgrenzt. Bevorzugungen lassen sich nun am Maßstab des Art. 33 Abs. 2 GG übersichtlich argumentieren, Ausgrenzungen dagegen nicht, soweit sie nicht an die Kriterien des Art. 33 Abs. 2 GG anknüpfen. Die Chancengleichheit, die Art. 33 Abs. 2 GG garantiert, verlangt, grundsätzlich jeden Deutschen in Auswahlüberlegungen einzubeziehen. Ist das gewährleistet, so kann man ein vernünftiges Nutzen/Risiko-Kalkül anstellen und abschätzen, was man gewinnt oder verliert, wenn man bestimmte Gruppen von Bürgern bevorzugt. Bei Ausgrenzungen ist das nicht möglich. Ihr Sinn besteht gerade darin, sich eine inhaltliche Auseinandersetzung mit dem Ausgegrenzten zu ersparen. Sie schließen das Wissen darüber aus, was einem im einzelnen verloren geht. In unserem Zusammenhang: die optimale Besetzung von Ämtern kann nicht mehr bedacht werden. Verfassungsdogmatisch können abstrakte Ausgrenzungen daher nur zulässig sein, soweit nicht das Gleichbehandlungsgebot dem Entscheider eine Argumenta-

---

[72] Im Ergebnis wie hier *Schmidt-Aßmann*, NJW 1980 S. 16, 19.

[73] BVerwGE 26 S. 8, 12.

tionslast auferlegt. Gerade das ist aber bei Art. 33 Ab. 2 GG der Fall. Wie dargelegt, verlangt Art. 33 Abs. 2 GG prinzipiell, daß jeder Deutsche geprüft wird, ob er für ein bestimmtes Amt geeignet, befähigt und fachkundig ist. Eine solche Prüfung ist aber von vornherein ausgeschlossen, wenn ein Bewerber abgelehnt wird, weil sein Ehegatte im öffentlichen Dienst steht. Als normatives Prinzip muß das auch für die Verweisung auf Teilzeitbeschäftigung gelten.

4. *Ergebnis*

Sinn des Art. 33 Abs. 2 GG ist es, den Anschluß zwischen öffentlichem Dienst und Bürgern zu regeln. „Eignung, Befähigung und fachliche Leistung" sind als persönliche Merkmale von Bürgern zu verstehen. Die Inhalte dieser Merkmale werden durch die Aufgaben des Staates bestimmt. Von diesem Sinn des Art. 33 Abs. 2 GG ist der Gesetzgeber bisher nur einmal abgewichen: im Fall der Spätheimkehrer. Diese Abweichung war aber durch das Prinzip des Lastenausgleichs in einer Schicksalsgemeinschaft eindeutig gerechtfertigt. Eine Analogie zum Bewerberüberhang erlaubt sie nicht. Da „Bewerberüberhang" weder mit persönlichen Merkmalen der Bewerber noch mit Amtsaufgaben zu tun hat, ist er bei der Auslese von Bewerbern ein unzulässiges Argument und kann deshalb das Angebot einer Teilzeitbeschäftigung nicht rechtfertigen.

Dieses Ergebnis dürfte der herrschenden Lehre entsprechen[74]. Es hat jedoch weitreichende Folgen. Was für „Bewerberüberhang" gilt, muß auch für die nicht rechtswidrige Benachteiligung von Frauen gelten. „Die lautlose Diskriminierung der Frau im Beamtenrecht"[75] ist kein Thema des Art. 33 Abs. 2 GG[76]. Daß die Hochschulen „bei der Wahrnehmung ihrer Aufgaben auf die Beseitigung der für Wissenschaftlerinnen bestehenden Nachteile hin"-wirken sollen (§ 2 Abs. 3 HRG), ist daher auch unter dem Aspekt des Art. 33 Abs. 2 und 3 GG nur dann verfassungsrechtlich unbedenklich, wenn man die Vorschrift so bedeutungslos macht wie das Bundesverfassungsgericht[77] die Verpflichtung der hessischen Wissen-

[74] Vgl. *Isensee,* Fn. 1 S. 343 ff.; *Schmidt-Aßmann,* NJW 1980 S. 16, 18; *Helmut Lecheler,* Öffentlicher Dienst und Arbeitsmarkt, ZBR 1980, S. 1 ff.

[75] *Leonore Herbst,* Die lautlose Diskriminierung der Frau im Beamtenrecht, DÖV 1974 S. 547 ff.

[76] Anderer Ansicht: *Ferdinand Matthey,* in: Ingo von Münch (Hrsg.), Grundgesetz-Kommentar Band 2, 2. Aufl. München 1983, Art. 33 Rdn. 16.

[77] BVerfGE 47 S. 327 ff.; dazu kritisch *Hans-Martin Pawlowski,* Wissenschaftliche Forschung und gesellschaftliche Verantwortung, in: Rektorat der Universität Mannheim (Hrsg.), Gesellschaft und Universität: Probleme und Perspektiven, Festschrift zur 75-Jahr-Feier der Universität, Mannheim 1982, S. 19 ff.

schaftler, die gesellschaftlichen Folgen wissenschaftlicher Erkenntnis mit zu bedenken (§ 6 hessUniG 1974).

Wenn es in Art. 33 Abs. 2 GG um die optimale Besetzung von Ämtern durch funktionsbezogene Auswahl von Bewerbern geht, dann ist ferner die Festsetzung von Kontingenten für weibliche Bewerber, wie sie unter dem Titel „Frauenquote" politisch diskutiert wird[78], eindeutig verfassungswidrig[79]. Das schließt indessen nicht aus, daß sich die Forderung nach einer „Frauenquote" durchsetzt. Aber dann wäre auch „Bewerberüberhang" ein Gesichtspunkt, der bei der Einstellung berücksichtigt werden dürfte.

III. Schutz von Ehe und Familie (Art. 6 Abs. 1 GG)

Der Satz „Ehe und Familie stehen unter dem besonderen Schutze der staatlichen Ordnung" (Art. 6 Abs. 1 GG) wird seit dem Beschluß des Bundesverfassungsgerichtes zur Ehegattenbesteuerung[80] dahin ausgelegt, der Staat dürfe an den Tatbestand „Ehe" keine nachteiligen Folgen knüpfen[81]. Nach diesem Grundsatz scheint das Angebot einer Teilzeitbeschäftigung an Bewerber, deren Ehegatten im öffentlichen Dienst stehen, ebenso gegen Art. 6 Abs. 1 GG zu verstoßen, wie die familienorientierte Kürzung der Alimentierung von Doppel-Verdiener-Ehen.

Die familienorientierte Kürzung der Alimentierung benachteiligt Ehe und Familie jedoch nicht. Die Alimentierung sichert gerade den Unterhalt der „Familie als Einheit". Sie gewährleistet jedem einzelnen Beamten Bezüge, die ihm einschließlich seiner Familie ein angemessenes Auskommen sichern. Bei Doppel-Verdiener-Ehen erhalten aber zwei Beamte jeweils für denselben Tatbestand – nämlich die Familie als die Einheit, zu der beide gehören – ein Entgelt. Insofern verdient mindestens einer der beiden Ehegatten tatsächlich doppelt. Doppelte Honorierung desselben Tatbestandes will das Besoldungsrecht aber auch sonst ausschließen (vgl. § 40 Abs. 5 BBesG). Eine Kürzung der Alimentierung bei Doppel-Verdie-

---

[78] Vgl. Quotierung – Reizwort oder Lösung? Expertenanhörung der Hessischen Landesregierung am 2. Mai 1985, Wiesbaden 1985, darin besonders: *Peter Hanau*, Die Quotierung im juristischen Meinungsstreit S. 39–46 mit weiteren Hinweisen.

[79] Wie hier *v. Mangoldt / Klein / Starck*, Das Bonner Grundgesetz, Kommentar Band 1, 3. Aufl. München 1985, Art. 3 Abs. 2 Rdn. 221.

[80] BVerfGE 6 S. 55, 76.

[81] *Maunz*, in: Maunz/Dürig, GG Art. 6 Rdn. 21; *Eva Marie von Münch*, in: Ingo von Münch (Hrsg.), Grundgesetz-Kommentar Band 1, 3. Aufl. München 1985, Art. 6 Rdn. 10; *Dietrich Pirson*, BK, Art. 6 Rdn. 48; vgl. auch BVerfGE 9 S. 237, 247; 28 S. 324, 347.

ner-Ehen nimmt daher nur eine Überbezahlung zurück. Das kann nicht dem Benachteiligungsverbot widersprechen.

Natürlich würde eine solche Kürzung anstößig wirken. Aber die Anstößigkeit kann sich nicht aus der Anknüpfung an die Ehe ergeben – die ist durch das Alimentationsprinzip gerechtfertigt –, sondern allein daraus, daß Besoldung und Versorgung des Beamten eben doch als „Entlohnung für konkrete Dienste"[82], als Gegenleistung für individuell-persönliche Leistungen erbracht werden. Die Entlohnung für konkrete Dienste ist aber ein Gesichtspunkt, der dem Alimentationsprinzip strukturell widerspricht.

Etwas anderes gilt für die Frage, ob Bewerber, deren Ehegatten bereits im öffentlichen Dienst stehen, auf Teilzeitbeschäftigung verwiesen werden dürfen. Eine solche Verweisung mindert den Zugang zum öffentlichen Dienst und die Besoldung des Beamten. Verglichen mit der Position der Vollzeitbediensteten ist das eine Benachteiligung. Diese Benachteiligung knüpft gerade an die Eheschließung an. Daß sie einen Bewerberüberhang vermindern soll, vermag sie nicht ohne weiteres zu rechtfertigen. Der Bewerberüberhang ist ein politisches Übel, betrifft aber die Gesellschaft insgesamt und nicht allein Ehe und Familie. Rechtfertigen könnte er die Benachteiligung nur, wenn und soweit es zulässig ist, Art. 6 Abs. 1 GG in den Dienst der Lösung politischer Probleme zu stellen. Das hängt von der Auslegung des Art. 6 Abs. 1 GG ab.

Die Auslegung des Art. 6 Abs. 1 GG ist in Bewegung geraten. Es ist das Verdienst *Wolfgang Zeidlers*[83], das Problem des verfassungsrechtlichen Schutzes von Ehe und Familie in seiner ganzen Breite aufgerollt zu haben. *Zeidler* beruft sich mit Recht auf den Realitäts- und Sinnwandel von Ehe und Familie. In der Tat können die Probleme, die er in den Vordergrund gestellt hat – Elternrecht und Erziehung in der Staatsschule, nichteheliche Lebensgemeinschaften, Belastung der Familien durch Kinder – mit der bis heute überwiegenden Interpretation des Art. 6 Abs. 1 GG kaum gelöst werden. Man wird auch nicht leugnen können, daß bedenkliche Entwicklungen im generativen Verhalten der Bevölkerung, wie der Rückgang der Geburtenrate, die Auslegung einer Verfassungsvorschrift beeinflussen. Der Umstand, daß sich die Geburtenrate im großen und ganzen gegenläufig zu individuellem Einkommen und wirtschaftlicher Prosperität verhält – die ärmsten Völker und die ärmsten Schichten haben die meisten Kinder –, zeigt allerdings, daß generatives Verhalten weit komplexeren

---

[82] BVerfGE 21 S. 329, 344.

[83] Ehe und Familie, in: Ernst Benda u. a. (Hrsg.), Handbuch des Verfassungsrechts der Bundesrepublik Deutschland, Berlin / New York 1983, S. 555 ff.

Regeln gehorcht[84] als die Formel „mehr Geld, mehr Kinder" ausdrückt. Die Diskussion um die gesellschaftspolitischen Folgen der derzeitigen Auslegung des Art. 6 Abs. 1 GG zwingt jedenfalls zu einer grundsätzlicheren verfassungsdogmatischen Analyse.

1. Politisch-moralische Neutralisierung durch Freiheit

Das heutige Verständnis des Art. 6 Abs. 1 GG wird durch den Satz des Bundesverfassungsgerichts geprägt, die Norm sei – neben Institutsgarantie und Wertentscheidung – ein „klassisches Grundrecht" zum Schutz der Privatsphäre von Ehe und Familie[85], das heißt, ein Abwehrrecht und ein Freiheitsrecht. Aus diesem Grundsatz hat das Gericht die Eheschließungsfreiheit[86], die Freiheit der Ehefrau zum Beruf[87] und die Freiheit der Aufgabenverteilung in der Ehe abgeleitet[88]. Wenn man Ehe und Familie vornehmlich als Freiheit begreift, ist es nur konsequent, vom Bild der verweltlichten, weltanschaulich und religiös neutralen bürgerlich-rechtlichen Ehe auszugehen[89].

Ehe und Familie zunächst als Freiheits- und Abwehrrecht, als Privatsphäre zu interpretieren, entsprach vielleicht den Intentionen des historischen Verfassungsgebers[90], aber nicht, wie das Bundesverfassungsgericht meint, dem objektiven Sinn des Art. 119 Abs. 1 und 2 WV:

> „Die Ehe steht als Grundlage des Familienlebens und der Erhaltung und Vermehrung der Nation unter dem besonderen Schutz der Verfassung. Sie beruht auf der Gleichberechtigung der beiden Geschlechter.
>
> Die Reinerhaltung, Gesundung und soziale Förderung der Familie ist Aufgabe des Staats und der Gemeinden. Kinderreiche Familien haben Anspruch auf ausgleichende Fürsorge."

Aus heutiger Sicht ist nur schwer verständlich, wie das Bundesverfassungsgericht 1957 schreiben konnte[90], Art. 6 Abs. 1 GG habe den Inhalt dieser beiden Absätze übernommen. Art. 119 Abs. 1 WV wies der Ehe

---

[84] Zu einem wichtigen Aspekt siehe *Niklas Luhmann*, Liebe als Passion, Zur Codierung von Intimität, Frankfurt a. M. 1982, bes. S. 183: Liebe und Ehe: Zur Ideologie der Reproduktion.

[85] BVerfGE 6 S. 55, 72 f.; dazu eingehend *Heinhard Steiger*, Verfassungsgarantie und sozialer Wandel – Das Beispiel von Ehe und Familie, VVDStRL 45 (1987) S. 55, 65.

[86] BVerfGE 29 S. 166, 175; 31 S. 58, 67 ff.

[87] BVerfGE 21 S. 329, 353.

[88] BVerfGE 68 S. 256, 268.

[89] BVerfGE 31 S. 58, 82; vgl. auch *Hans Hattenhauer*, Die Privatisierung der Ehe. Thesen zum künftigen Eherecht, ZRP 1985 S. 200 ff.

[90] BVerfGE 6 S. 55, 73.

einen öffentlichen Zweck zu: Erhaltung und Vermehrung der Nation, betrachtete sie also nicht als Privatsache, und Art. 119 Abs. 2 WV erlaubte dem Staat, Maßnahmen zur Reinerhaltung und Gesundung der Familie zu ergreifen, ging also vom Bild einer reinen und gesunden Familie aus, das heute bestenfalls Spott auf sich zöge. Aus heutiger Sicht ist aber verständlich, warum der historische Verfassungsgeber nichts ändern wollte als den Text[91]: Zum sozialen Problem fiel ihm zwar nichts Neues ein, Art. 119 WV konnte er gleichwohl nicht übernehmen – weil der Text zu sehr nach nationalsozialistischer Bevölkerungspolitik klang. Zum subjektiven Freiheitsrecht wurde Art. 6 Abs. 1 GG durch den Satz: „In Abkehr von der Allstaatlichkeit des Nationalsozialismus bekennt sich das Grundgesetz auch für diesen Lebensbereich zur Eigenständigkeit und Selbstverantwortlichkeit des Menschen".[92]

Dieses Verständnis des Art. 6 Abs. 1 GG kann sich nicht mehr auf eine besondere Sittlichkeit der Ehe berufen, besonders seit die eheähnliche Lebensgemeinschaft nicht mehr als Konkubinat gilt, sondern den Schutz des Art. 2 Abs. 1 GG genießen soll[93]. Unter dem Aspekt der Sittlichkeit hat die freie Entfaltung der Persönlichkeit mindestens den gleichen Rang wie eheliche Bindung, die auch nur an die Selbstverantwortlichkeit des Menschen anknüpft. Wenn man den Schutz von Ehe und Familie als Freiheitsrecht begreift, muß man ihn vielmehr so verstehen wie jedes Freiheitsrecht: als Ausgrenzung bestimmter Lebensordnungen oder Lebensformen, für die der Staat zwar Verkehrsregeln und Rechtsinstitute zur Verfügung stellen muß, die er aber inhaltlich nicht beeinflussen und politisch nicht in Dienst nehmen darf[94]. Vom Standpunkt des Freiheitsrechtes aus ist es völlig konsequent, wenn *Hans-Martin Pawlowski*[95] die bürgerlich-rechtliche Ehe ganz technisch als Organisation sieht, bei der es vor allem auf Mitgliedschaften und Haftung ankommt. Auch der Übergang vom Verschuldens- zum Zerrüttungsprinzip (§§ 1565 ff. BGB) ist konsequent. Nicht konsequent ist freilich die Behauptung, das Zerrüttungsprinzip solle „den Prozeß der Ehescheidung menschlicher, wahrhafter und sachgemäßer gestalten"[96], weil man dem rechtlichen Ausscheiden

---

[91] Vgl. *v. Doemming / Füsslein / Matz*, Entstehungsgeschichte der Artikel des Grundgesetzes, JöR 1 (1951) S. 92 f.

[92] BVerfGE 6 S. 55, 71.

[93] Vgl. *Zeidler*, Fn. 83 S. 580; *Manfred Zuleeg*, Verfassungsgarantie und sozialer Wandel – das Beispiel von Ehe und Familie, NVwZ 1986 S. 800, 803; *Steiger*, VVDStRL 45 (1987) S. 61 f.

[94] Näher *Steiger*, VVDStRL 45 (1987) S. 68 ff.

[95] Die „Bürgerliche Ehe" als Organisation, Heidelberg/Hamburg 1983, S. 5, 7 ff.

[96] So BVerfGE 53 S. 224, 246.

aus der Ehe keine personalen Qualitäten mehr zuschreiben kann, wenn man sie der Ehe als ausgegrenzter Privatsphäre versagen muß. Nur – wenn Ehe und Familie nicht mehr sein sollen als eine rechtlich ausgegrenzte Lebensordnung, dann fragt sich, warum sie „unter dem besonderen Schutz der staatlichen Ordnung" steht.

2. *Leere Wertentscheidung*

Diese Frage wird nicht beantwortet, sondern verdunkelt, wenn man Art. 6 Abs. 1 GG eine „wertentscheidende Grundsatznorm" nennt[97]. Daß Art. 6 Abs. 1 GG etwas entschieden hat, ist zwar richtig, erklärt aber nicht die Gründe. Welcher Wert sich mit Ehe und Familie noch verbinden soll, ist vielmehr gerade problematisch geworden. Sittliche oder moralische Normen können es nicht sein. Die eheähnlichen Lebensgemeinschaften zeigen sogar, daß Ehe und Familie nicht einmal mehr vorzugswürdig, das heißt, Werte im formalsten Sinne des Wortes sind. Die freie Entfaltung der Persönlichkeit (Art. 2 Abs. 1 GG) läßt das Alleinbleiben oder die eheähnliche Lebensgemeinschaft als ebenso lebenswert erscheinen. Deshalb hat *Karl Heinrich Friauf*[98] so unrecht nicht, wenn er meint, gerade die verfassungsrechtliche Positivierung des Schutzes von Ehe und Familie habe den Wert von Ehe und Familie Zweifeln ausgesetzt.

Man kann aber noch weitergehen: Wenn der Schutz von Ehe und Familie nicht mehr als ein Freiheitsrecht und eine bestimmte Institution gewährleistet, dann ist er überflüssig, dann genügen Art. 2 Abs. 1 GG und die übrigen „klassischen" Grundrechte. Die Fälle der Eheschließungs-, berufs- und -gestaltungsfreiheit[99] hätte das Bundesverfassungsgericht mit demselben Ergebnis und ähnlicher Begründung auch ohne Bezugnahme auf Art. 6 Abs. 1 GG entscheiden können. Allein die Berufung auf die Vorschrift besagt noch nichts über ihren spezifischen Sinn, beantwortet nicht die Frage, warum Art. 6 Abs. 1 GG überhaupt erforderlich ist.

3. *Sinn: Schutz des Kindes*

Heinhard Steiger[100] hat diese Frage jüngst wieder zu beantworten versucht: In Ehe und Familie finde personale Sozialisation vor allem

---

[97] So das Bundesverfassungsgericht in ständiger Rechtsprechung; vgl. BVerfGE 6 S. 55, 72; 62 S. 323, 329. Im wesentlichen wie hier: *Steiger*, VVDStRL 45 (1987) S. 66.

[98] Verfassungsgarantie und sozialer Wandel – das Beispiel von Ehe und Familie, NJW 1986 S. 2595; 2596; vgl. schon *Zeidler*, Fn. 83 S. 555.

[99] Oben Fn. 85, 86, 87, 88.

[100] VVDStRL 45 (1987) S. 76; ähnlich: *Reinhold Zippelius*, Verfassungsgarantie und sozialer Wandel – das Beispiel von Ehe und Familie, DÖV 1986, S. 805, 807.

durch die Erfahrung humaner Grundsituationen und ihrer Bewältigung statt. Wenn das als Realitätsbeschreibung gemeint ist, ist es zu harmonistisch, wenn normativ, ist es letztlich die Antwort *Hegels*[101], der die Ehe als freie Einwilligung von zwei Personen beschreibt, eine Person zu werden, und in dieser Vergemeinschaftung das Sittliche der Ehe erblickt. Aber genau diesen sittlichen Gehalt können Ehe und Familie nicht mehr haben, wenn man die eheähnliche Lebensgemeinschaft als sittlich gleichwertig betrachtet.

Nach *Niklas Luhmann*[102] „scheint die Funktion der Familie für die Gesamtordnung auf zwei miteinander verbundene Leistungen hinauszulaufen: auf die Fundierung einer sozialisierungsfähigen Persönlichkeit im Kleinkind und auf die Entspannung der Familienmitglieder durch ganz persönliche Selbstdarstellung im Familienkreis". Aber auch diese Funktionsbeschreibung vermag nicht zu erklären, warum Ehe und Familie eigenen Grundrechtsschutz genießen, weil sie zu sehr am ausdifferenzierten System orientiert ist. Es ist auch kein Zufall, daß *Luhmann* den Schutz von Ehe und Familie unter dem Titel „Kommunikationsfreiheit" zusammen mit der Meinungsfreiheit behandelt.

Den treffenden Gesichtspunkt hat *Hans-Martin Pawlowski*[103] genannt: Der Schutz von Ehe und Familie unterscheidet sich von allen anderen Grundrechten durch einen Umstand: daß in eine Ehe hinein Kinder geboren werden, mit denen die Eltern nicht nach Belieben verfahren dürfen. Wieviel Kinder Eltern haben, ist zwar ihre Privatangelegenheit, aber die Kinder selbst sind keine Privatsache mehr, weil sie Grundrechtsträger sind und in ihrer besonderen Schwäche Anspruch auf den Schutz des Staates haben. Kinder verwandeln das gesellschaftlich unerhebliche Belieben der Eltern in eine gesellschaftlich relevante Pflichtenordnung. Mit Recht betont *Pawlowski*[104], daß allein das Kind das Familienrecht strukturiert und die Gestaltung des Eherechtes prägt.

Für die Auslegung des Art. 6 Abs. 1 GG heißt das: Letzter Sinn des Schutzes von Ehe und Familie ist nicht die Entfaltung der Persönlichkeit der Familienmitglieder oder die Aufrechterhaltung eines unglaubwürdig gewordenen Institutes, sondern der Schutz des Kindes. Familie und Ehe sind nicht als solche, sondern um der Kinder willen geschützt. Sonst hätte Art. 6 Abs. 1 GG keinen Sinn mehr.

---

[101] Grundlinien der Philosophie des Rechts, §§ 162, 177.

[102] Grundrechte als Institution – Ein Beitrag zur politischen Soziologie, 2. Aufl. Berlin 1974, S. 104.

[103] Das Studium der Rechtswissenschaft, Tübingen 1969, S. 3/5 ff.

[104] Rechtswissenschaft, Fn. 103 S. 318.

Wenn man die Vorschrift im Zusammenhang liest, spricht der Text das auch aus. Der Schutz von Ehe und Familie (Abs. 1) steht nicht isoliert. Er wird erläutert durch das elterliche Erziehungsrecht (Abs. 2), das Verbot, Kinder von der Familie zu trennen (Abs. 3), den Mutterschutz (Abs. 4) und die Gleichstellung der unehelichen Kinder (Abs. 5) – ausschließlich Regelungen zum Schutz der Kinder.

Von diesem Standpunkt aus läßt sich der Schutz von Ehe und Familie präzisieren. Ehe und Familie sind das soziale Nest, das Kinder aufnimmt. Sie sind allein in dieser Funktion geschützt. Das bedeutet nicht, daß kinderlose Eltern gar keinen und Familien nur einen nach der Zahl der Kinder gestaffelten verfassungsrechtlichen Schutz genießen. Die Leistung von Institutionen besteht nicht nur in direkter Funktionserfüllung, sondern mehr in der ständigen Bereitschaft zur Funktionserfüllung. Aber es besagt, daß das Kind den Vorrang vor der Familie und die Familie den Vorrang vor der Ehe hat. Deshalb hindert Art. 6 Abs. 1 GG den Gesetzgeber nicht, eine Förderung der Ehe – wie das Ehegattensplitting – einzuschränken oder aufzuheben, wenn sich herausstellt, daß die Förderung der Ehe der Familie abträglich ist, und eine Förderung der Familie, wenn sie nicht dem Wohl des Kindes dient. Gegen *Helmut Lecheler*[105] hat *Wolfgang Zeidler*[106] daher recht, wenn er meint, der Gesetzgeber dürfe die Ehe nicht auf Kosten der Familie fördern.

Bedenkt man, daß Art. 6 GG den Schutz des Kindes weit in die Institutionen Ehe und Familie vorverlegt und auch das uneheliche Kind mit seiner Mutter einbezieht, hätte die Strafbarkeit des Schwangerschaftsabbruches eigentlich auf der Basis des Art. 6 GG diskutiert werden müssen. Statt dessen hat sich das Bundesverfassungsgericht[107] allein auf Art. 2 Abs. 2 GG gestützt und den Schwangerschaftsabbruch als Konflikt zwischen dem Grundrecht der Mutter und dem Grundrecht des Nasciturus interpretiert, mit der Folge, daß die Entführung des Arbeitgeberpräsidenten Schleyer, mit der die Freilassung von Häftlingen erpreßt werden sollte[108], auf exakt der gleichen Normenbasis erörtert wird wie der

---

[105] Verfassungsgarantie und sozialer Wandel – das Beispiel von Ehe und Familie, DVBl. 1986 S. 905, 907. Zu *Lechelers* (S. 906 Fn. 24) Kritik des Satzes „das Glück der Ehe liegt in ihrer Bedeutung, nicht in ihrer Realität" vgl. *Luhmann*, Liebe, Fn. 84, bes. S. 183 ff., 197.

[106] Fn. 83 S. 607.

[107] BVerfGE 39 S. 1 ff. Das Urteil bezieht sich nur einmal (S. 48) auf Art. 6 Abs. 4 GG in dem Sinne: Daß die Schwangere Anspruch auf Beistand der Gemeinschaft habe, gleiche die Belastungen der Schwangerschaft nicht aus.

[108] BVerfGE 46 S. 160 ff.

Schwangerschaftsabbruch[109]. Daß Geiselnahme und Schwangerschaft von der einhellig herrschenden Lehre verfassungsdogmatisch gleich behandelt werden, ist nur verständlich aus der radikalen Individualisierung des Schutzes von Ehe und Familie. Diese Individualisierung hat nicht nur die Funktion der Institutionen: für unbestimmte viele über die Zeiten hinweg Schutz und Verhaltenssicherheit zu gewährleisten, auf die unmittelbar Beteiligten verkürzt, die zufällig gerade leben[110], sie hat auch Eltern und Kinder prinzipiell gleichgestellt, obwohl das Kind als der offenkundig schwächere Teil größeren Schutz verdient. In der derzeitigen Auslegung gewährleistet Art. 6 Abs. 1 GG deshalb höchstens sekundär den Schutz von Institutionen, dominierend schützt er die schon Lebenden, wie auch der Umstand zeigt, daß das Bundesverfassungsgericht zwar Folgeverpflichtungen bei aufgelösten Ehen anerkennt[111], staatliche Einwirkungen auf das Zustandekommen von Familien aber praktisch ausgeschlossen hat[112].

4. *Ergebnis*

Art. 6 GG schützt Ehe und Familie also um der bereits lebenden Kinder willen. Abgesehen vom Kinderschutz sind Ehe und Familie Privatangelegenheit der unmittelbar Beteiligten, was nichts anderes heißt als: entpolitisiert. Der Staat darf deshalb Ehe und Familie nicht instrumentalisieren, nicht als Mittel verwenden, um bestimmte politische Ziele zu erreichen. Selbstverständlich darf er die Lehrerarbeitslosigkeit bekämpfen, die Sicherung der Renten künftiger Generationen anstreben, die Personalstärke der Bundeswehr aufrechterhalten, sogar eine Bevölkerungspolitik betreiben, nur darf er nicht aus diesen Gründen das Familienrecht umgestalten oder die Ehe als Hebel nutzen. Er muß sich darauf beschränken, beim einzelnen Bürger die Lust- und Unlustgefühle zu erzeugen, die seinen politischen Zielen entsprechen.

---

[109] Siehe *Heinhard Steiger*, Entwicklung im Grundrechtsverständnis in der Rechtsprechung des Bundesverfassungsgerichts – Zur Rechtsprechung des Bundesverfassungsgerichts zu Art. 2, Abs. 2 Satz 1 GG, in: Thomas Berberich / Wolfgang Holl / Kurt-Jürgen Maaß, Neue Entwicklungen im öffentlichen Recht, Stuttgart/Berlin/Köln/Mainz 1979, S. 255, 261, 265.

[110] Ausnahme: BVerfGE 56 S. 363, 389: „das nichteheliche Kind hat gleich dem ehelichen Kind Anspruch darauf, daß seine personalen Verhältnisse zu seinem Schutz rechtlich geregelt sind, wenn es auf die Welt kommt."

[111] Vgl. BVerfGE 66 S. 84, 93; 53 S. 257, 297.

[112] Vgl. BVerfGE 6 S. 55, 82 (Keine „Erziehung" zur Hausfrauenehe); 28 S. 324, 360 (wirtschaftlich unselbständige Ehen).

Die Verweisung auf eine Teilzeitbeschäftigung im öffentlichen Dienst darf deshalb nicht vom Familienstand abhängig gemacht werden. Die Lehrerarbeitslosigkeit rechtfertigt es nicht, verheiratete und nicht verheiratete Bewerber ungleich zu behandeln, weil es nur einen Gesichtspunkt gibt, aus dem der Staat in die ausgegrenzte Lebensordnung „Familie" eingreifen darf: das Wohl des Kindes.

Etwas anderes gilt jedoch für eine Kürzung der Alimentierung. Wenn der Schutz des Kindes zum letzten Sinn des Art. 6 Abs. 1 GG geworden ist, dann kann eine familienorientierte Kürzung der Alimentierung nicht gegen diese Vorschrift verstoßen. Hier soll keine apokryphe Soziologie getrieben werden. Aber so viel wird man doch sagen dürfen: Eine Doppel-Verdiener-Ehe ist nicht das typische soziale Nest, in dem Kinder besonders geschützt und gefördert werden.

IV. Der Gleichheitssatz

Der Gleichheitssatz kann nicht ohne Bezugnahme auf eine Ordnung angewandt werden, die zu entscheiden erlaubt, was als gleich und was als ungleich anzusehen ist. Der öffentliche Dienst und Ehe und Familie sind solche Ordnungen. Deshalb gehen sie als speziellere Regelungen vor. Der Gleichheitssatz könnte nur noch verletzt sein, soweit die Problemerörterung nicht durch Art. 33 GG und Art. 6 GG abgedeckt ist[113]. Das trifft hier für das Verhältnis der Beamten untereinander und für die Gleichberechtigung von Männern und Frauen zu.

1. Allgemeiner Gleichheitssatz (Art. 3 Abs. 1 GG)

Der hergebrachte Alimentationsgrundsatz des Berufsbeamtentums (Art. 33 Abs. 5 GG) läßt es nicht nur zu, er gebietet es, bei der Besoldung den Familienstand des Beamten zu berücksichtigen. Bei Doppel-Verdiener-Ehen wäre der Staat daher berechtigt, die Bezüge des zweiten Ehegatten im öffentlichen Dienst so weit herabzusetzen, daß sie nur noch die besonderen Aufwendungen abdecken, die dadurch entstehen, daß beide Ehegatten berufstätig sind.

Eine solche Herabsetzung der Bezüge verstieße zwar nicht gegen Art. 6 Abs. 1 GG, sie bedeutete aber, daß ein Beamter mit einem Ehegatten im öffentlichen Dienst unter Umständen geringer besoldet wird als ein alleinstehender, das heißt, *nicht verheirateter* Beamter. Auch wenn man den Maßstab des konkreten Dienstes, den der einzelne Beamte leistet,

---

[113] Zu diesem Vorgehen vgl. BVerfGE 71 S. 39, 48, 50.

außer acht läßt und das Alimentationsprinzip konsequent anwendet, wäre das eine Ungleichbehandlung. Sie steckte freilich nicht allein in der Herabsetzung der Bezüge bei Doppel-Verdiener-Ehen. Die Herabsetzung höbe nur ins Bewußtsein, daß – gemessen am Alimentationsprinzip – Doppel-Verdiener-Ehen und alleinstehende Beamte schon heute ungleich besoldet werden. Nur werden heute Doppel-Verdiener-Ehen systemwidrig bevorzugt. Setzte man indessen die Bezüge bei Doppel-Verdiener-Ehen auf den amtsangemessenen Familienunterhalt herab, wären die alleinstehenden Beamten privilegiert. Der Grund liegt im Besoldungssystem.

Das Bundesverfassungsgericht hat ganz recht, wenn es meint[114], eine Beamtenfamilie mit einem Kind oder mit zwei Kindern könne den Kindesunterhalt grundsätzlich aus den „familienneutralen" Gehaltsbestandteilen bestreiten. In der Besoldungsgruppe A 13 beträgt das Grundgehalt in der 1. Dienstaltersstufe 2690,55 DM und der Ortszuschlag der Stufe 1 715,68 DM, zusammen 3406,23 DM. Mit der Eheschließung erhöht sich der Ortzuschlag um 135,34 DM, die gesamten Bezüge erhöhen sich also um 3,97 %. Bei einem Kind erhöht sich der Ortzuschlag um weitere 115,80 DM, die gesamten Bezüge erhöhen sich also um weitere 3,15 %. Mit 135,34 DM kann man aber offensichtlich keine Ehefrau und mit 115,80 DM kein Kind nähren und kleiden. Der Besoldungsgesetzgeber muß deshalb davon ausgehen, daß bereits die Bezüge eines alleinstehenden Beamten ausreichen, eine Familie zu unterhalten.

Die geringe familienabhängige Differenz der Beamtenbezüge wird allerdings durch das Steuerrecht vergrößert. Es ist auch richtig, daß das Bundesverfassungsgericht[115] die Frage, ob die Dienstbezüge eines Beamten ausreichend im Sinne des Art. 33 Abs. 5 GG sind, nach dem Nettoeinkommen, also nach dem Einkommen beurteilt hat, über das der Beamte nach Abzug der Steuern verfügen kann. Aber dem Bundesverfassungsgericht ging es in der Kindergeld-Entscheidung um die Amtsangemessenheit der Bezüge, verglichen mit dem allgemeinen Lebensstandard[116], und gerade nicht – wie hier – um einen Vergleich der Beamtenbezüge untereinander. Bei einem Vergleich der Beamtenbezüge untereinander muß man vom Steuerrecht absehen. Das Steuerrecht kann nicht danach unterscheiden, ob Einkommen nach dem Alimentationsprinzip oder nach dem Lohnprinzip erworben wird. Außerdem muß „die Angemessenheit des Unterhaltes nach Maßgabe des Alimentationsprinzips im *Beamtengehalt*

---

[114] BVerfGE 44 S. 249, 274.
[115] BVerfGE 44 S. 249, 266.
[116] Vgl. BVerfGE 44 S. 249, 265 ff.

selbst gewahrt" sein[117], darf also auch nicht auf den Steuergesetzgeber abgewälzt werden.

Für den anerkennungsgebührenähnlich geringen familienabhängigen Bestandteil der Beamtenbezüge mag es gute psychologische und politische Gründe geben, mit dem Alimentationsprinzip ist er nicht zu vereinbaren. Dem Alimentationsprinzip würde der Gesetzgeber nur gerecht, wenn er die familienabhängigen Unterschiede so vergrößerte, daß sie einigermaßen den realen Unterschieden in der Lebenshaltung entsprächen.

Man kann nicht einwenden, das Alimentationsprinzip dulde Ausnahmen und erlaube Zulagen für besondere individuell-konkrete Leistungen, damit die betroffenen Beamten motiviert werden könnten (vgl. §§ 42 ff. BBesG: Zulagen, Vergütungen). Die Anknüpfung der Besoldung an den alleinstehenden Beamten ist keine leistungsbezogene Ausnahme. Der alleinstehende Beamte wird, gemessen am Alimentationsprinzip, erheblich besser bezahlt als der verheiratete Beamte, von ihm wird aber nicht einmal erwartet, daß er mehr leistet. Es geht vielmehr um die Bemessung der Alimentation selbst, um den Maßstab: amtsangemessener Lebensunterhalt für die Familie als Einheit. Wenn es richtig ist, daß die Alimentationsverpflichtung die Gegenleistung des Dienstherrn dafür ist, daß ihm der Beamte Treue schuldet[118] und seine gesamte Persönlichkeit, Arbeitskraft und Lebensleistung zur Verfügung stellt und daß sich die Alimentationsverpflichtung folgerichtig „von ihrer Grundlage her prinzipiell nicht aufteilen läßt"[119], dann darf man bei der Bemessung der Alimentation nicht an die individuelle Leistung anknüpfen wie das geltende Besoldungssystem, sondern muß den amtsangemessenen Lebensbedarf zugrunde legen. Sich bei alleinstehenden Beamten auf die Leistung als *Grundlage* der Bemessung der Besoldung zu beziehen, ist systemwidrig.

Daraus folgt: Die nahezu gleiche Besoldung von nicht verheirateten Beamten und Beamten mit Familie behandelt Verhältnisse gleich, die nach dem Maßstab des Alimentationsprinzips evident ungleich sind. Sie verstößt deshalb gegen den allgemeinen Gleichheitssatz (Art. 3 Abs. 1 GG).

2. *Gleichberechtigung von Mann und Frau (Art. 3 Abs. 2 GG)*

Unsere bisherigen Überlegungen haben die unterschiedlichen Verhältnisse der Geschlechter unberücksichtigt gelassen. Das war möglich, weil das Grundgesetz mit den Grundrechten ganze Lebensbereiche aus dem Recht ausgrenzt und mit abstrakten Differenzierungsverboten (vgl. Art. 3

---

[117] BVerfGE 44 S. 249, 269.
[118] So grundsätzlich BVerfGE 44 S. 249, 264.
[119] BVerfGE 71 S. 39, 60.

Abs. 3 GG) grundlegende, sozial einfach gegebene Unterschiede politisch neutralisiert. Soweit das Recht die Geschlechtsunterschiede nicht einmal thematisiert, kann man die Möglichkeit einer geschlechtsspezifischen Ungleichbehandlung deshalb nur mit Hilfe von quasi-statistischem Alltagswissen konstruieren. Im vorliegenden Fall wird beispielsweise angenommen, eine familienorientierte Kürzung von Bezügen träfe vor allem die Ehefrauen. In den Ehen herrschten noch uralte Leitbilder, die den Ehemann privilegierten und die immer dann den Ausschlag gäben, wenn das tradierte Rollenverständnis von Mann und Frau auf dem Spiel stünde. Diese faktische Benachteiligung könnte gegen Art. 3 Abs. 2 GG verstoßen. Ob die Verhältnisse in den Beamtenehen wirklich so sind, kann hier aber offen bleiben.

Auch wenn eine Kürzung der Bezüge nach dem Alimentationsprinzip vor allem die Ehefrauen träfe, verstieße sie nicht gegen Art. 3 Abs. 2 GG. Wie die Ehegatten ihre Aufgaben untereinander verteilen, ist ihre Sache: „Art. 6 Abs. 1 GG schützt jede Ehe und Familie und garantiert zugleich eine Sphäre privater Lebensgestaltung, die staatlicher Einwirkung entzogen ist. In diesem Bereich fällt aber auch die Entscheidung darüber, ob eine Ehefrau sich ausschließlich dem Haushalt widmen oder beruflich tätig sein will. Eine Einwirkung des Gesetzgebers dahin, die Ehefrau ‚ins Haus zurückzuführen', wäre deshalb verfassungswidrig."[120] Ebenso verfassungswidrig müssen aber Maßnahmen sein, die Ehefrau „vom Haus fernzuhalten". Über die Leitbilder, nach denen sich die Ehegatten so oder so entscheiden, hat der Gesetzgeber nicht zu befinden. Sie liegen jenseits seines Einflußbereiches. Mit anderen Worten: Die Freiheit von Ehe und Familie schließt die Fiktion ein, die Ehegatten entschieden frei und ohne den Einfluß irgendwelcher „Leitbilder" über die Aufgabenverteilung in der Ehe. Deshalb ist es verfassungsrechtlich ausgeschlossen, daß der Gesetzgeber die Entscheidung der Ehegatten unter Berufung auf „falsche Leitbilder" korrigiert. Art. 3 Abs. 2 GG hebt die realen Unterschiede zwischen Mann und Frau nicht auf, er grenzt sie nur aus[121].

C. Zusammenfassung der Ergebnisse

I. In der Weimarer Zeit sind Versuche, die „Junglehrernot" durch Einschränkung des „Doppelverdienertums" zu lindern, gescheitert.

---

[120] BVerfGE 21 S. 329, 353; siehe auch BVerfGE 48 S. 327, 338; 68 S. 256, 268.

[121] Im Ergebnis wie hier *v. Mangoldt / Klein / Starck*, Das Bonner Grundgesetz, Kommentar Band 1, 3. Aufl. München 1985, Art. 3 Abs. 2 Rdn. 211.

II. Das Grundgesetz erlaubt es nicht, Lehramtsbewerber, deren Ehegatte im öffentlichen Dienst beschäftigt ist, auf eine Teilzeitbeschäftigung zu verweisen.

1. Der Staat ist verpflichtet, seine Beamten und ihre Familien nach Dienstrang, Bedeutung des Amtes und entsprechend der Entwicklung der allgemeinen Lebensverhältnisse so zu versorgen, daß sich der Beamte ganz auf sein Amt konzentrieren und ohne finanziellen Druck entscheiden kann (Alimentationsprinzip). Das gilt auch für Teilzeitbeamte, weil auch Teilzeitbeamte öffentliche Gewalt ausüben. Eine Teilbesoldung ist daher unzulässig, wenn nicht der Unterhalt des Beamten anderweitig gesichert ist. Da die Alimentierung den Unterhalt der ganzen Familie gewährleisten soll, ist ein Beamter allerdings hinreichend gesichert, wenn sein Ehegatte im öffentlichen Dienst tätig ist. Insofern bestehen unter dem Aspekt des Alimentationsprinzips keine Bedenken, Bewerber, deren Ehegatte im öffentlichen Dienst tätig ist, auf eine Teilzeitbeschäftigung zu verweisen.

Unter diesen Umständen bedeutet die Verweisung auf eine Teilzeitbeschäftigung jedoch in Wirklichkeit eine Absenkung der Besoldung. Dafür ist allein der Gesetzgeber zuständig (§ 2 Abs. 1 BBesG). Der Gesetzgeber könnte jedoch die Besoldung von Ehegatten, die beide im öffentlichen Dienst stehen, so weit absenken, daß bei einem Ehegatten nur der zusätzliche Aufwand für die Betreuung der Familie gedeckt wird, der durch die Berufstätigkeit des zweiten Ehegatten entsteht.

2. Legt man das geltende Besoldungssystem zugrunde, so bedeutet eine Teilzeitbeschäftigung eine Beschränkung des Zugangs zu öffentlichen Ämtern. Damit eine bestmögliche Besetzung von Ämtern erreicht wird, müssen die Bewerber nach Eignung, Befähigung und Leistung ausgewählt werden. Andere Kriterien sind unzulässig, auch die Lehrerarbeitslosigkeit. Die Gesetzgebungspraxis hat bisher nur eine wirkliche Ausnahme zugelassen: die Spätheimkehrer. Der Fall der Spätheimkehrer ist jedoch mit den Fällen der Lehramtsbewerber nicht zu vergleichen.

Da Bewerber nur nach Eignung, Befähigung und Leistung ausgewählt werden dürfen, wären auch „Frauenquoten" verfassungswidrig.

3. Ehe und Familie sind nach der neueren Entwicklung des Verfassungsrechtes Privatsache geworden, um die sich der Staat nur noch unter dem Aspekt des Kindeswohls kümmern darf. Einstellungsentscheidungen dürfen daher nicht vom Ehestand abhängig gemacht werden.

4. Wenn die Alimentierung der Beamten den Unterhalt für die gesamte Familie sichern soll, dann werden nichtverheiratete Beamte und Ehegatten, die beide im öffentlichen Dienst tätig sind, im Vergleich zu „alleinverdienenden" Beamten mit Familie viel zu hoch besoldet. Das verstößt gegen den Gleichheitssatz.

Nicht gegen den Gleichheitssatz verstieße es dagegen, wenn eine Absenkung der Besoldung bei doppelt verdienenden Ehepaaren dazu führen würde, daß vor allem die Ehefrauen ihren Beruf aufgäben. Da die Ehegatten frei entscheiden können, welcher von ihnen seine Berufsarbeit aufgeben soll, kann es keine Kriterien geben, nach denen diese Entscheidung als rechtswidrig eingestuft werden könnte.

FSC
www.fsc.org
MIX
Papier | Fördert gute Waldnutzung
FSC® C083411

Kolibri 360 GmbH
Ferdinand-Jühlke-Straße 7
99095 Erfurt, Deutschland
produktsicherheit@kolibri360.de